致謝

　　我要感謝所有的心靈拼貼®指導員與培訓講師，他們貢獻自己的故事，並且提供本書圖卡範例。每張圖卡都是獨特的，比我的文字更能傳達這套流程的力量與樂趣。

　　感謝丹尼爾・庫克，心靈拼貼®指導員及平面設計師，優美整合並設計了這本書美國版的內容與封面；我也要感謝蘿拉・束爾普的精心校對。

　　同時，我也要感謝漢福特米德出版社的凱里雅・泰勒和吉姆・索菲爾德，謝謝他們對這套流程的喜愛、協助、行銷技巧以及持續地關注。因為他們的努力與一直以來對心靈拼貼®流程的信心，成就了這本書。

——席娜・弗斯特

譯者序

2014 年的四月，我到美國緬因州參加圖樣大學（Tangle U）的研討會，在一個產品攤位上，看到了這本書的英文原文書《SoulCollage® Evolving》，書上有許多圖卡很有趣，就買了一本。賣書的老師很熱心地找來一位美國禪繞認證教師，蘇珊・納汀（Susan Nutting），幫忙解說。蘇珊同時也是心靈拼貼®的認證指導員，她隨身攜帶許多張她自己製作的心靈拼貼®圖卡，充滿熱誠地解釋了如何使用圖卡。她大力推薦這一套發現自我智慧的流程，對個人、家庭與社會群體都很有幫助，並鼓勵我在美國參加心靈拼貼®指導員的訓練營。

同年九月，我和三位台灣朋友一起前往美國參加 SoulCollage® Facilitators Training，經過研討與學習，了解到這是一套幫助自己和他人心靈成長的好工具，於是起心動念，希望將這套流程引進台灣，並且邀請老師前來台灣授課，協助國人有機會取得指導員資格，在社會各個需要的地方指導心靈拼貼®工作坊。

在籌劃邀約的期間，我們在台灣的指導員開始舉辦心靈拼貼®工作坊，將每次的心得與發現，定期回饋給美國的培訓講師。終於，培訓講師同意在 2016 年十二月，開始在台灣舉辦心靈拼貼®指導員訓練營。

為了幫助台灣朋友了解什麼是心靈拼貼®，我們開始準備中文翻譯本，歷時半年，得到美國培訓講師，瑪麗亞博娜・西拉貝拉（Mariabruna Sirabella）往來郵件的指導與鼓勵，以及台灣指導員的讀書會討論、字眼斟酌、審稿與修正，這本心靈拼貼®中文版終於可以呈現在讀者的面前。

在此，特別感謝台灣指導員團隊的共同努力，依姓名筆劃如下：

李佩芝（Peggy Lee）

李俊賢（Sam Lee）

李淑媛（Enko Lee）

廖含思（Arisa Liao）

羅燕儂（Grace Lo）

希望讀者接觸了心靈拼貼®這本書後，能夠有機會參加心靈拼貼®工作坊。在個人自省與群體互動方面，像我們一樣得到更多的收穫與成長。若是您對指導員的工作有興趣，也竭誠歡迎您參加培訓，加入指導員的行列。如果有課程訊息或其他問題，請聯絡我們：scintaiwan@gmail.com

譯者：蘿拉（Laura Liu）／心靈拼貼®指導員

戴寧（Daphne Tai）／心靈拼貼®指導員

目次

CHAPTER 1

什麼是心靈拼貼®？

來吧，讓我們一起坐下來個把鐘頭，一人做一張拼貼圖卡！什麼？我又不是藝術家？你不必是個藝術家，運用心靈拼貼®的流程，每個人瞬間都能成為藝術家，不僅如此，我們也成為了心靈探索家。

　　將你的想像力與直覺攪拌在一起，再加上幾個強勁有力、剪下來的圖像，就可以開始製作你的第一張心靈拼貼®圖卡了。接下來，你可能想要做第二張、第三張、甚至更多的圖卡。逐漸地，你會做出屬於你個人的一套圖卡。動手做這些簡單的圖卡是有趣的，你會驚訝地發現，這些圖卡會幫助你探索心靈、你的陰影，以及你與生俱來的天賦。我曾經聽一位很有智慧的女性描

卡片名稱：感謝
套組：成員卡／引導卡
創作者：潘・芮能

「我沉浸在恩典裏就好像是乾土遇到了甘霖。」

繪一個「手作人生」的美麗與價值，這是一個自覺性的選擇，將人生的片段親手組合起來的人生。這樣的人生不是由別人，或是某種文化所湊成的現成品。選擇圖像與製作個人圖卡的心靈拼貼®，是提醒你要組成自己人生的每日課題，你會選擇有意義與有趣的圖像放在一起——這是為了你自己，也是為了這個地球所做的。

　　這本書設計成一個有彈性的結構，幫助你製作屬於自己的心靈拼貼®圖卡套組。你會找到如何製作圖卡的建議，也有許多愛好圖卡拼貼者所製作圖卡的參考範例。此外，這本書敘述個人和團體使用圖卡的不同方法。你會找到一種方法，從自己圖卡上的圖像，

聽到你自發湧出的智慧。根據我的經驗，你一定會對自己內在的智慧感到驚訝！當這套流程在一群做卡與諮詢圖卡的團體裡分享的時候，更加威力倍增，這些人同樣也會驚訝於自己的內在智慧。

每個人都可以製作 心靈拼貼®圖卡

只要你願意，不論男女老少，都能做心靈拼貼®圖卡。你可以做十張卡，也可以做一百張卡。不論多少張圖卡，我認為你都會珍惜這些圖卡，並且想要找到分享它們的方法。你的圖卡套組將成為一種圖像式的手札，圖卡不僅是美麗與有意義的，同時也是有彈性的，它們會跟著你精進。你可以自行決定，是否將新的圖像黏貼在舊的圖卡上，或是為了一個特定的能量去做幾張圖卡，來代表心靈的變化與成長。我向你保證，無論你的圖卡是有陰影或是可怕的，你都會珍惜它們。當你拿著所有圖卡的時候，象徵著反映你

卡片名稱：傳輸
套組：成員卡／引導卡
創作者：瑪麗亞博娜・西拉貝拉

「我擁抱從我的老師以及宇宙眾生傳來的智慧。不斷地追求與尋找，我爬上你的肩膀，你也在我的肩膀上。我在永恆的時間輪軸上，持續接收與傳輸。」

的多面性與精進的心靈。你和圖卡上的圖像一起運作得越久，它們對你的生命展現與改變模式的力量就越強大。

克萊麗莎・平蔻拉・埃思戴絲（Clarissa Pinkola Estés）在她的巨作《與狼同奔的女人》（*Women Who Run with the Wolves: Myths and Stories of the Wild Woman Archetype*）中，說了一個故事，對心靈拼貼®而言，是最佳的隱喻詮釋。我簡短說一下這個故事，這是一位年老的印第安女人，狼女（La Loba），從沙漠的沙土上，費心地去收集一匹狼的每一根骨頭。她小心翼翼地將骨頭整齊排放在洞穴的地上，然後對著這些骨頭唱歌。最後，她唱著歌的時候，狼的骨頭聚合在一起，變成活生生的一匹狼。這匹狼再度躍起時，又轉換成一位漂亮的女人，她高興地跑出洞穴，歡欣重獲自由。這個故事基本上就是心靈拼貼®啊！當你從雜誌或書本上收集了圖片、剪下圖像、把圖像黏貼到圖卡上，

然後向圖卡諮詢，就是同樣的奇蹟！你將許多不同的內在角色聚合在一起，有意識或無意識的、可愛或憤怒的、光鮮或陰影的，再對著它們「唱歌」，於是它們就轉換成更自由與更具活力的心靈。

有些你所選擇的圖像，象徵著你自我的內在角色，像是「撫育者」、「組織者」、「探索者」，或是你內在的「孤獨小孩」。其他的一些圖像可能是玄妙且神祕的，很難給予它們名稱。這些圖像往往代表宇宙大故事的能量，要指導或推動你一起運作，它們甚至會拉著你往路徑前進。這些都是普世、永恆、無形的能量，將你的個人故事編織到全宇宙的大故事。追隨榮格的引導，我稱這些能量為「原型」。隨著你運作你的心靈拼貼®圖卡，你漸漸地會更加清楚，將你個人故事編織到宇宙大故事的方法。你個人特殊的途徑模式會開始呈現，然後你就有能力看清楚，你獨特的線和宇宙編織成一塊織錦，一起閃閃發光。

接下來的幾章，我會分享更多使用心靈拼貼®的個人故事，討論心靈拼貼®圖卡的四個套組。這些套組都可以辨識出活躍在每個心靈的指引、盟友以及挑戰者。同時，我也會敘述諮詢圖卡的不同方法，以及個人與團體使用圖卡記錄的

方式。

卡片名稱：女性先鋒　　　　　　　　　「我懂得為追隨者開路的意義。」
套組：成員卡
創作者：李・波騰

這本書的圖卡

這本書包含許多心靈拼貼®圖卡的照片。幾乎所有出現的圖卡照片都是由圖片、圖像、個人藝術作品或是照片所拼貼而來的。如果有藝術家從一張圖卡，裡認出自己的作品，

卡片名稱：琴 · 休士頓
套組：社群卡
創作者：席娜 · 弗斯特

「我從神祕空間前來教導。我穿越門檻來到豐盛的土地，見證宇宙的大故事。」

我們向這些藝術家們保證，心靈拼貼®圖卡不是拿來交易買賣的，這些回收的圖像不會被丟入回收箱，而是被某人珍藏著。也因為你所做的心靈拼貼®圖卡只給製卡人使用，而不會販售、交易或是出版，因此在拼貼的過程中，製卡人可以選擇任何有吸引力的圖像。我們會誠心地感謝原創攝影師們拍了這些照片，以及他們所選擇的相片主題。

這本書的圖卡是作為心靈拼貼®流程的舉例，我們出版前就謹慎地只使用製卡人的照片，或是製卡人購買的圖片。我們都取得製卡人的允許，或是使用不需要版權的圖片。這些是出版本書必須面對的限制。我們捨棄了許多含有強力、令人鼓舞的圖卡，因為它們一看就知道是有版權歸屬的圖片。我們衷心感謝在本書貢獻圖片範例的所有藝術家，也感謝製作圖卡與我們分享的藝術家。

心靈拼貼®是如何開始的

心靈拼貼®流程的開始，是起源於我在 1986 年到 1989 年之間，參加了一個由琴 · 休士頓博士所領導的計劃。這個計劃孕育了我接觸神話、原型心理學，以及各式各樣的心靈操練的世界。同一時期以及後來的許多年，我都在執行心理治療的工作。在我執業的期間，我一直在持續進行的團體中使用著拼貼圖卡，這些圖卡也隨著我們一起精進。我在這本書裡，將我們的發現轉述給讀者。我也將多位指導員在指導這個流程中的發現，一一分享給大家。

拼貼是一個隱喻，是去發現、聚合、重編所有的能量點滴。而這些能量是原本就存在於宇宙內的，我們永遠可以從環繞我們的神聖領域中的圖像取材，做出一張屬於個人的新圖卡。只要選擇圖像、組合圖像、命名圖像，然後將圖像放到你的心靈圖卡上就完成了。

CHAPTER 2

心靈拼貼®的3個關鍵字

你讀這本書的時候，會發現我採用的觀念和詞彙，多半在神祕文學與個人成長文學中找得到。然而，我定義這些詞彙的方式，與你習慣認知的解釋有所不同，所以我會稍加簡短地解釋。這樣當你讀到這三個詞彙時，就會了解我的意思。這三個詞彙分別是「能特」、「陰影」和「心靈」。

能特：盟友、指引或挑戰者

開始操作心靈拼貼®流程的時候，首先你會選擇圖像，然後製作屬於你自己的圖卡，這些圖卡代表了你的個體與獨特靈魂的不同部分。接著，我將列出這些部分，並且

卡片名稱：莎拉
套組：社群卡
創作者：席娜・弗斯特

「我是妳的朋友，我愛妳。
我教導妳，妳是可愛的。」

描述他們，同時我會解釋每張圖卡的圖像是如何表徵屬於你的靈魂指引、盟友，或是挑戰者的其中一份子。然而，我不會使用這些中性的字眼，我只會用能特（Neter）這個簡單的字作為代表。這個字的聲韻像是「貝特」（better）的發音，但是這個字只有一個「t」。

能特是我最喜歡用的替代字，代表了能量、存在、指引、盟友、或是挑戰者。能特的字彙來自於古埃及。這個字是在埃及的象形文字中所發現，它的字義是神祕並且矛盾的，這也是我喜歡這個字的原因之一。這個字似乎指的是眾神之神，或是在心靈拼貼®的用語，我們稱它為本源。能特意味著萬事萬物由這個「一」而生。但是——這個字在此

卡片名稱：偉大的母親
套組：引導卡
創作者：潘 · 康塞夫斯

「我將整個宇宙握在我的子宮裡。」
（這張照片是潘和她第二個寶寶的照片。~ Ed.）

處又有所矛盾——能特也同時意味著「許多」。古代埃及人，非常敬畏從這個本源能特所顯化的許多神聖形式，他們使用同樣的能特名稱，當做是一個群體，用複數來稱呼這些神聖形式—— Neters 或是 Neteru。這些能特是看不見的原型形式，在不同的時空中運作，進入人類的歷史。它們各別被命名成男神或女神，被人類當做指引、幫助者、以及挑戰者。人們尊敬和崇拜這些能特，並傳頌它們的故事。同時，人們也認為這些能特全部都在顯化一個沒有形式卻是萬事萬物本源的能特。

> 能特的陰影，或者是因為誇大了它最好的能量——過多——或者是根本缺席。

　　古埃及人使用複數的能特，就像心靈拼貼®引導套組中的許多原型。但是，我將能特這個詞彙延伸，包含了四套圖卡套組中所有的指引、盟友和挑戰者。這樣表示內在個性、身體能量、社群成員和原型，都是我們靈魂的能特。我們有許許多多的能特，都是來自於一個本源。

　　我喜歡這個字的另一個原因，是因為能特中間有三個英文字母「net」，代表網子的意思。一張網子也是一個弔詭的象徵，代表許多不同的能量，就如同能特所代表的意義一樣。如果我們跌落，網子可以救了我們；我們需要休息時，網子可以托住並保護我們。然而，網子也可以限制我們，不讓我

們自由。網子可以讓我們覺得奇妙好用，或是讓我們感覺受到威脅。你的能特也是如此。

你將會感到驚奇，這些看得見或是看不見的能特，是如何展現並運作在我們個人身上，以及整個地球的演進故事當中。如果你決定使用心靈拼貼®的方法去運用圖像與圖卡，就會發現其中的一些能特。

陰影：太多或太少

我使用「陰影」這個詞彙，和榮格使用的意思是一樣的。了解這個詞彙的意義很重要。我先簡單描述它的定義，稍後會用一整章的篇幅仔細說明。

心靈拼貼®的一個基本前提是：每個能特都以一個形式存在著。能特可能是有形或是無形的，但仍具有形式。它可以是一種能量形式、一種物質形式、一種心理或概念性的形式，怎麼說都是一種形式。而只要是形式，就可能藉著形式而投射陰影。有些能特投射濃厚的陰影，有些投射比較輕微的陰影，也有界於中間、程度不同的陰影。這裡有一個關鍵字叫做平衡；一個能特處於絕佳的平衡點就不會投射陰影。但是我們的能特很容易就失去平衡，這個時候，我們就會注意到這個能特，我們認得它的存在和它所展現出來的陰影。

操作心靈拼貼®的時候，我們不會將善良與邪惡、正面與負面，從中間劃分明顯的界限。陰影並不是對立於最平衡、

卡片名稱：面對冥王星
套組：成員卡
創作者：強尼 · 笛拉德

「我努力地要放棄我既有的愛，去擁抱我即將的最愛。」

最完美呈現的能量。陰影比較像是，最佳能量的誇大——太多能量——或是完全沒有能量——太少能量。在我們一起逐一檢視四套卡組能量的時候，我會給你許多的例證。所有的圖卡都有陰影的可能性。

我們與心靈拼貼®所有套組的能特互動的原因，是要幫助我們感受能特的能量是如何顯化在我們個人的故事當中，同時也幫助我們努力平衡，盡量讓陰影越少越好。一旦陰影出現，我們可以尋求它所蘊含的價值，就如同榮格所說，找尋陰影的「黃金」。在第 9 章時，我會談論更多有關陰影的部分。

心靈

「心靈」這個詞彙在心靈拼貼®裡意思相當廣泛，它包括個人的所有能特：個性的部分，包含自我、身體的能量。還有，來自宇宙層次影響我們的原型，甚至是其他眾生。換句話說，四個套組的所有能特，都包含在心靈之中。我在心靈拼貼®所使用的「心靈」也可以稱作全我。它是神聖的，因為是來自於本源所顯化的一個形式。不管我們一生當中，心靈會有多少陰影，它的核心還是會有神聖的光芒。在每個心靈之中的本源火花，

卡片名稱：時間：它的神祕
套組：引導卡
創作者：瑪麗亞博娜 · 西拉貝拉

「我是時間的神祕。你永恆的井。我永遠在剎那之間等候著。」

我把它叫做靈魂本質。這不是一個能特，不具有形式，這可能也是許多人使用心靈名詞的本意。我會在第 4 章中仔細探討靈魂本質，以及描述超個人卡。

CHAPTER 3

心靈拼貼®套組的簡要概述

超個人卡

你可以為你的心靈拼貼®圖卡套組，創作三張超個人卡：

本源：一套圖卡的最核心就是本源，沒有形式而廣大無邊的「一」，所有形式都因它而顯化，也都會返回到本源。

靈魂本質：第二張圖卡象徵靈魂的本質，它是本源的火花，存在於每個靈魂的核心；靈魂本質包含了這個獨特形式的編碼、生命的潛能。

觀照者：第三張圖卡象徵觀照者，是每個人類形式的意識潛能。當觀照者充分發展時，可以讓我們退後一步以多面向的方式，不帶批判地看待自己。觀照者好比是一面鏡子。這三張超個人卡，在第 4 章會有詳細的

卡片名稱：光的承載者
套組：引導卡
創作者：葛蘭達・萊斯

「我將光芒揮灑在你的路徑上，直到你的觀點轉變。」

說明。

除了這三張超個人卡，其他每一個套組經過時間的推移會增加圖卡數量，編組成為心靈拼貼®圖卡的四個套組。簡要地說，它們分別是：

成員卡套組

心靈拼貼®中的這一個套組，會辨認出你個性的內在部分、給予它們名稱、找到圖像放在不同的圖卡上。你會找到一些圖像可以表達心聲，或是可以填補你個性中的某一個部分；這些個性會給予你忠告、與你爭辯、哄騙你、威脅你，經常會用變化多端的能量，把你弄得精神錯亂。這個套組的名稱也可以被叫做「我內在的家人」，因為這些個性的

部分，與一個家庭住在一起很久的家人很相像。在這一個套組裡，強調的是靈魂的心理向度。

社群卡套組

心靈拼貼®套組中的這一個套組，是描述外在的眾生圖像，不論是過世的或是現在還活著的，他們的能量強大，並且對你的生命具有意義。隨著時間推移，你會辨識出來，並且為他們製作圖卡，他們是曾經愛過你、教導你、挑戰你的人，或者是你的寵物。除了生物之外，這一個套組也可以是某個特定的場所或是物品，它們對於你的生命有著很強大的能量，例如：一棵特別的樹、房子或是聖殿。這個套組的名稱也可以叫做「我當地的盟友」。在這一個套組裡，強調的是靈魂的公共向度。

同伴卡套組

心靈拼貼®套組中的這個套組，可以想像是住在你身體內七個能量中心的動物，這些能量中心通常被稱為「脈輪」。

卡片名稱：想太多
套組：成員卡
創作者：潘 · 芮能

「我把簡單的事情變得複雜，老是將責任放在玩耍之前，事情要做完才肯遊玩。」

透過視覺冥想的過程，會發現這些看不見的能特。個人可以透過視覺冥想，逐漸發現屬於自己的七個動物，每個動物都代表一個脈輪的能量。這個套組的名稱，也可以叫做「我的能量指引」。在這一個套組裡，強調的是靈魂的自然能量。

引導卡套組

心靈拼貼®套組中的這個套組有著你不同原型的圖卡，活躍地引導你的生活，也將你的個人故事編織到地球的大故事當中。這個套組向超自然的宇宙能量致敬（例如：死神、愛情、勇氣、反省、孤獨、旅程），這些都是塑造人類歷史的能量，現在也在塑造你的生命。這個套組能特的名字可能是從神話取材、從你的宗教或是文化傳統中而來，或者根本是你想像的名稱。這個套組的名稱也可以叫做「原型」。這套圖卡反映了整個宇宙創造的編織，每一個被創造的形式都是一條線，透過圖像來覺察。在這一個套組裡，強調的是靈魂的靈性本質。

CHAPTER 4

超個人卡
超越形式的「一」

在心靈拼貼®的過程中，我們花了許多時間製作圖卡，這些圖卡象徵我們內在許多能量的圖像——我們稱之為能特的能量。然後我們會傾聽這些能特，告訴我們有關它們對於我們生命的觀點。每當我們進行這樣的流程，我們在這個世界上生活、工作、戲耍時，心靈會比較能夠平衡，並減輕陰影的負擔。

然而，在操作心靈拼貼®時，總是在意識的邊緣有著更深層的真理。在我們能特的個人多樣性，及世界複雜性的底下，存在著「一」，所有的形式也都會返回到本源的神祕。我建議你製作這三張圖卡來象徵這個「一」，這三張圖卡的背面可以貼上不同顏

卡片名稱：本源卡
　　　　　超個人卡
創作者：凱薩琳・安德森

色的紙張，可以讓你很容易地找出這三張圖卡。

我稍早提到這三張超個人卡的概念，可以從許多神祕的傳統中找到，或許你能認出它們。如果我使用的名稱和你認知的名字不相同，請不用擔心，我只是想要強調，我即將要寫下來的，是完全超乎描述的事實，是神祕的、神聖的，而且沒有形式。當我們使用圖像來代表這種神祕的時候，我們知道就是那樣，沒有足夠的象徵能代表在「許多」之後的「一」。你的三張超個人圖卡，不像其他圖卡一樣有著能特。這三張圖卡沒有形式，也就沒有陰影的可能性。**它們沒有我們可以意會的聲音，因此在讀卡時，我們並不**

會使用到它們。

本源

在心靈拼貼®圖卡套組中，最主要的超個人卡是本源。早期我發展心靈拼貼®流程的時候，本源是唯一的一張超個人卡；第二張和第三張超個人卡是後來才加入的。本源卡是為了澄清在我們生存的背後，有一個「一」。對於這種神祕而言，本源是一個有幫助的名字，因為它和許多正規宗教的用語沒什麼關聯性。它沒有生物性，也沒有個性。不論過去、現在與未來，本源就是本源。如果你喜歡，也可以將本源叫做靈魂，或是基督教神學家保羅・田立克（Paul Tillich）所稱呼的「存在的根基」（Ground of Being），都可以的。

但如果本源沒有形式，我們該如何在圖卡上表現本源呢？我們每一個人都可以找到具有象徵意義的圖像，獨特地指出所有可能性的無盡寶藏。有人拼貼了一張在中央有個雞蛋形狀的洞，象徵從遼闊的「空」誕生出所有的生物，再返回「空」流動著。有

卡片名稱：本源
超個人卡
創作者：席娜・弗斯特

些人選擇簡單的自然圖像，盛開的花朵圖片，或是衝破黑暗的一道光線；也有許多人會使用全黑的圖卡，他們覺得本源是在光與形式之前的象徵。這張圖卡不會拼貼太多複雜的圖像，也許只是一個圖樣，顯示著偉大的遼闊與美麗。

你不必一開始就製作你的本源卡。如果你發現一些可能適合的圖片，就先收集起來，保留在一個特別的地方。最終，你會知道哪些圖片感覺是對的，這時你再製作本源卡。在這張卡片後面貼上特別顏色的紙張，以區別於其他的圖卡。這樣做，當你將圖卡正面朝下放置時，就可以容易地認出本源卡。

之後，當你開始使用心靈拼貼®圖卡做讀卡活動，可以先將本源卡放在中央，表示「一」整合你所有各色各樣的能特。打個比方，本源很像我之前提過的無限的網子。你，和你所有的能特，是掛在這張神聖網子上的其中一顆閃閃發亮的珠寶。

靈魂本質

你的第二張超個人卡,象徵著你的靈魂本質。這張圖卡指示著從你一出生起,在你的個體靈魂裡,就有著本源的火花。每一個人類都有這樣純淨與神聖的火花,由本源孕育而來,每一個生物都是如此。對你而言,你的靈魂本質是神聖的,就像是一個編碼,顯示出許多你未來的形式。換句話說,靈魂本質是你特別的潛能。當生物為了要履行這個誓約時,會有從內而發地一種持續的衝動。

大多數的生物對於誓約是無感或是沒有選擇的,而靈魂本質的編碼在環境允許下,盡量顯化著,一朵玫瑰成為一朵玫瑰、一隻螞蟻成為一隻螞蟻、一棵紅木樹成為一棵紅木樹。

有些神祕傳統的教師將這個在生命內不朽的本源火花,叫做靈魂。人類終其一生,靈魂居住在內,死亡時就離開身體,繼續前進,也許進入其他人的身體,也許進入其他領域。然而,如我前面所說,心靈拼貼®所說的靈魂本質,涵蓋的內容比靈魂更多。靈魂包括了所有我們內在的許多部分,在一生當中,將我們獨特的靈魂本質努力地轉化成無數和諧的形式。回溯到我前面的比喻,每個靈魂最想要的,就是成為永恆網子上的一顆美麗的珠寶,活出它應有的編碼程式。當一個靈魂正常運作,在世界上顯化它的靈魂本質編碼,這個靈魂就會感受到平衡與幸福。靈魂不知為何,就是顯化它原本該顯化的樣子。所以請記得,在心靈拼貼®中,靈魂包括

了一個人的整體能特。而在這靈魂裡獨特的本源火花,就是這個人的靈魂本質。

你的靈魂本質卡,可能比本源卡要多一些圖像,也會複雜一些。可能包括你兒時的一張照片,因為幼年時期的靈魂本質是清晰的,在那時期還沒有發展出多層的靈魂蒙蔽了本質。我自己的靈魂本質卡,使用的圖像背景和本源的背景是一樣的,因為

> 靈魂本質卡是生命的精髓,是經常存在與不朽的。

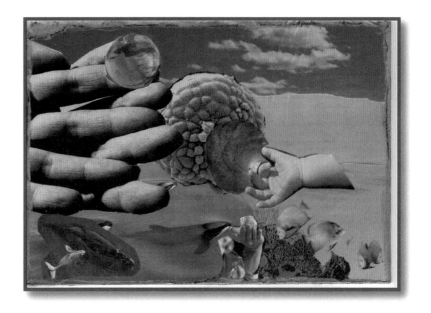

卡片名稱:靈魂本質
　　　　　超個人卡
創作者:伊梅達‧瑪開爾

卡片名稱： 觀照者
　　　　　超個人卡
創作者： 南西‧威斯

我感覺靈魂本質的火花就是直接來自於本源。

　　記得也要將這張卡貼上不同顏色的背面紙，在讀卡的時候，將它與本源卡一起放在中央，這是「一」的另外一個象徵。它是沒有形式的潛能，也沒有陰影，因此靈魂本質也沒有聲音讓你意會並且回答問題。

觀照者

　　你的第三張超個人卡，象徵你的觀照者圖像。另一個觀照者的詞彙是意識，這是你非常重要的能力，將靈魂本質轉化成美麗的形式。沒有了觀照者，你就無法退開一步，辨識出你的能特。在心靈拼貼®的過程中，你也無法認清或是運用變革的可能性。

　　觀照者允許你發展一種能力，使用你的內在能特，挪開身份的認同，開始單純看待能特是你本身的一部分，在你的生命故事中，有價值且持續精進地運作著。據我們所知，目前在這個地球上，只有人類能夠發展這種意識，但不是每一個人類都會選擇發展內在的能力。許多人一點都不想嘗試。光是忙碌於日常生活，被自我的能特佔據著，以致於沒有意願向後退一步，朝內心去看一下，到底是哪個能特在協助你？又是哪個能特在破壞你？也許一次生命的危機，才可能改變這種瘋狂與外顯的推力。就像我們現在所面臨的世界危機，也可能是一種改變的催化劑。越來越多的人們開始閱讀

觀照者的書籍，就像艾克哈特‧托勒（Eckhart Tolle）所寫的書《一個新世界》（*A New Earth*）那樣。於是，人們就可以開始發展他們的觀照者。當我們為心靈拼貼®能特製作圖卡時，我們直覺地在練習向後一步觀看。

觀照者好比是一面鏡子，我們好像照鏡子般退後一步觀看自己。觀照者也是本源的一部分，不具有形式，它不會對它所反映出來的東西表達意見、不會論斷，也不會為你喝采。然而，從觀照者的角度，我們或許可以抓住，一瞥我們能特正在運行的模式。同時，也可以在能特改變的時候，開始辨識出我們的某些部分，而這些部分也終將瓦解。它們是短暫的形式──不論是美麗的、醜惡的或是平凡的。當我在這本書討論四個套組的能特時，你會明白觀照者的視野對於我們的探索有多麼地必要。

讀卡的時候，觀照者不說話，因為它僅僅是本源「一」潛在的部分，像一面鏡子，不會回饋你評價，除非當我們退後一步看到並聽到自己被侷限的能特。觀照者是有意識的，是一處我們可以踏入和脫離的所在。它沒有形式，沒有陰影，是靜默的。

為觀照者製作一張圖卡。你為這張卡所找到的圖像，可能會給予意識的全視之眼一些感覺，以及其所反映出的本質。這張卡的背面同樣要貼上可以區分超個人卡顏色的紙，同時，它在讀卡時也要放在中央的位置。

卡片名稱：靈魂本質
超個人卡
創作者： 潘‧芮能

你會毫無疑問地發現有一張內在的成員，能夠扮演觀照者的角色。給這個成員能特一個「自我觀察者」的名字，為他／她做一張成員卡。當觀察者有自我精煉能力，能夠退後一步觀察，給予你資訊的時候，這個能特就會提供你有價值的智慧。然而，就像所有的能特一樣，觀察者自我也會受限於形式、語言、文化、年齡、性別、偏見，以及個人喜好。觀察者自我或多或少有著陰影，不像超個人卡的觀照者，是單純的本源。

當你讀到第 5 章成員卡套組、第 9 章能特的陰影面時，觀念就會更清楚。

靜默與超個人卡

有些心靈拼貼®工作坊會以主題方式進行，例如：選擇特別的一個套組或是陰影，甚至是超個人卡。當群體在工作坊，將焦點放在製作三張超個人卡的時候，我們學習到，靜默扮演整個工作坊的主要角色。參加工作坊的人在幾個小時內都保持靜默，不論是用餐、走路、冥想、製作圖卡都是如此。當工作坊完畢時，人們表示他們很喜愛這段靜默的時光，希望可以繼續靜默下去。在練習靜默的時候，好像發生了一種轉移，將我們轉移到了一個遼闊、無語、平和的地方。

我們大多數的人很少讓自己體驗這種靜默，當經歷一段長時間的安靜，會令人驚訝地發現，靈魂裡產生了不同的變

感覺身體與心靈拼貼®圖卡的關係

- 當我和這張圖卡在一起時，我對我的身體反應有什麼感覺？是有感情的？溫暖的？有能量的？緊張的？「七上八下的」？

- 針對這張圖卡和它的能特，你可以分享有關這份感覺的智慧嗎？

- 你帶給我身體的禮物在哪裡？你帶來的活力在我身體的哪一個部分？

- 你希望我如何使用這些禮物？如何使用這活力？

- 如果我讓這份活力和這份禮物，可以在我的身體裡流動，它會如何滋養我和我的生命？

化。通常，我們的心神會緩慢下來，嘰嘰喳喳的內在聲音降低了堅持。透過練習，我們將注意力放在當下，不會轉移到過去或未來。我們開始學習如何踏入觀照者的境界，並且停留在那裡，只是看著，不急著將我們的思維成形，或是忙著為我們所做的事情尋找意義。世代以來，神祕主義者和禪修者早就知道這個道理，但對於現在大多數的人們而言，一開始會覺得靜默很空虛、無聊，好像需要填滿一些事情。然而，一旦我們提供了鼓勵和空間，可以讓他們真正進入並停留在

那裡，靜默就充滿了美麗、感激與生命。

因此，記得將靜默放入心靈拼貼®的練習當中，不論是你個人練習或是在團體中練習。靜默的期間可以是短暫的或更長的時間，只要適合你就好。

我想要分享一位加州的指導員，米瑞安 ‧ 葛博克所提供的冥想練習，這是針對你和其他生命，使用心靈拼貼®圖卡的「一」和「許多」，練習冥想的一種方式。

首先，我們將圖卡擺在面前，先安靜片刻，所有的圖卡正面朝上，擺成扇形或是將圖卡散開。我們想像自己是一個稜鏡，將我們的光芒反射並穿透每一張圖卡。

在我們面前發光的彩色圖卡像是馬賽克，反映出我們要對自己和世界表達的許多方法。我們可以看到並感覺到，每一張閃爍的禮物是如何從我們和他們之間的地面升起，他們又是如何被這個神祕禮物支持和保護著。當所有的圖卡一起閃爍時，一個反映光芒的自我，飄浮在這個神祕當中。我們可以感覺到，在圖卡下的生物逐漸擴大，將我們包容在內。在此刻，我與我們的圖卡一起升起，放鬆地進入遼闊的神祕，讓它托住我們。

CHAPTER 5

成員卡套組

靈魂的心理向度

上一章我談到本源,它是顯化與包含所有靈魂而成的「一」。在這一章中,我們要開始探索從這個本源而來的多種形式,特別是有關心理向度的成員形式。成員卡套組包含一個靈魂的多樣面貌,經常也伴隨著「失去平衡」的內在部分。製作成員卡的時候,我們要找到一種方法,回顧並觀察這些人格特質,幫它們命名,去認識它們。這也屬於一種治療方法,可以平衡、療癒並且讓它們掙脫枷鎖,自由地精進。

每個靈魂是「一」也是「許多」。我們是一個完整的人,但也同時包含了許多令人驚訝的子人格。這些內在角色在我們的腦袋裡喋喋不休,似乎各自都有需求、偏見與目標。靠著

卡片名稱:驚恐的孩子
套組:成員卡
創作者:席娜 · 弗斯特

「我為我自己辯解,不要讓我出去演講!一定有比我更大的人可以演講的。拜託……拜託……拜託。」

覺察的能力,自己相當了解某些角色的人格。有些人格卻很隱蔽,不容易被找到,或是給予它一個名稱。有些人格有強烈的能量;有些人格則有輕柔與細微的能量。在心靈拼貼®裡,我們都稱呼這些內在的人格角色為「成員」。

我們可以這麼想像,這些角色圍坐在我們靈魂裡的一張巨大桌子旁邊,各自有或長或短的議題,整理釐清我們每天行程的計畫與決定。每個角色對於我們所遇到的其他人類靈魂所說的話語或是行為,都會有反應。

每個人多多少少都經歷過像這樣子的內心對話:

甲:「我們應該今天晚上打個電話給老媽,問候她一下。」

乙：「好，等一下。」

甲：「我們每次都拖拖拉拉，最後就不了了之。如果我們打了電話，我心裡會舒服一點。」

乙：「好，再等一下。」

甲：「你為什麼要閃躲打這個電話？又不會怎麼樣。」

乙：「老媽會罵我們為什麼不常常打電話給她。」

甲：「這是實話……」

乙：「她罵我的時候我受不了。我希望她是開開心心地接電話。」

諸如此類！

也許你的對話不是這麼明顯，但內心兩種聲音的爭執確實是存在的。**我想要／我不想要。你應該／我不會這樣**。這些內心的對話都是正常的。我們每個人的內心都有一個大角色，很像劇本中的演員。大多數的角色會一再重複，他們的擔憂、態度與回應的風格。如果這樣的描述聽起來有點像是精神疾病，請不要擔心，所有人類在某種程度而言，都是「多重人格」，我們還要感謝我們是生而如此的。如果我們一生只有一個內在人格，那會多麼無趣啊！

子人格有時的確會發生嚴重的精神問題，特別是在其中一個子人格完全脫離群體，不受其他子人格的控制，甚至被意識到的時候。此外，當群體人格的協調性完全崩潰，特定的一個自我角色變得太過誇張，並且超過正常範圍，這個人就會對自己或身邊的人產生危險性。如果這個脫離的角色成為極端的不正常，就需要專業人士介入，給予精神或藥物的治療。然而，對於我們一般人每天所產生的「內心對話」，運用心靈拼貼®這樣的創意流程，就能夠幫助平衡與教育我們的內在成員。

認識子人格

心理學家寫過無數關於子人格如何、為什麼、何時產生的論述，也闡述子人格如何一起合作或是互相抵抗。不論使用任何心理治療的方法，幾乎都有共同的目標，就是幫助個案的內在人格學習合作。在個人心理療法的工作重點，就是協助個案認識並了解本身的成員，鼓勵個案的內在角色能夠比較和諧地相處。

許多人在開始做心靈拼貼®圖卡的時候，都會從成員圖卡套組開始著手，這是很正常的。因為大多數的人對於自己腦袋中持續上演的劇本會感興趣，也想要一探究竟。我們想要了解內在人格，或是我們稱為能特的角色，透過了解它們，能夠產生更為協調的合作關係。

觀察者

接下來，我要描述，一些你可能會認得並且想要包含在成員卡套組內的能特。但我想從稍早提到的「觀察者」這個

能特開始。只是，因為我相信，既然你已經讀了一些心靈拼貼®的觀念，顯示你已經覺察到，你的成員中有觀察者的角色。最終，你會找到適當的圖像為觀察者的角色做一張圖卡。因為要進行心靈拼貼®的流程，你的觀察者能特必須在你的套組內執行任務。觀察者能特會從客觀的立場，退後一步看到你的全我。觀察者可以辨識出你獨特的內在角色、為它們命名、描述它們。你可能會說，這是你自我意識的覺察能力。這是成員中發展出不做批判的一個最佳角色。這個角色可以跳脫，並且從所有的能特當中，部分地抽離去觀察。我說「部分」是因為觀察者就像所有的能特，是具有形式的，它有著自己的語言與歷史，它也因為文化的限制，產生自有的觀點。無庸置疑地，觀察者也有盲點與偏見，所以它的客觀性是部分的。然而，我們仍要盡力讓觀察者學會更退後一些，越來越客觀地持續精進。因為宇宙間存在不具形式的觀照者，只要我們每一個人實地花時間去發現並開發我們的觀察者，人類絕對有獨特的潛能可以精進。

其他成員能特

現在，我要給你幾個成員能特的例子，希望這樣可以推動你列出自己的成員名單，因為你的內在角色絕對不同於他人的角色。首先，大多數的我們都有一個批評者能特，它是一個數落我們該做或不該做的內在聲音。有時，這個聲音像

卡片名稱：強壯的自我
套組：成員卡
創作者：黛比・麥克笛爾

「我足夠強壯來承擔上帝所給予我的生命。」

是我們的父母或是老師；有時，這個聲音有令人顫抖的咆哮與憤怒；有時，卻又會安靜地露出不悅的表情。個人內在的批評者有著不同的形式與強度，它可以幫助你了解自己。最終，你會找到適合的圖像代表它、為它做一張心靈拼貼®圖卡、給它一個名稱。當內在聲音不斷嘮叨的時候，你可以辨識出它的能特。這張圖卡可以讓你在批評者能特出現得太頻繁或特別嚴厲時，幫助你修正它。你可以開始了解它的由來，

它想要在你的生活中演出什麼戲碼？也許它想要幫助你成為更好的人，只是它表達的技巧不好。替批評者做一張心靈拼貼®圖卡，可以讓你將它從其他角色單獨抽離而正視它。也許你可以學習聆聽它想要說什麼？然後有意識地請它安靜坐下來，讓其他的成員能特，例如：撫育者或啦啦隊長有機會與它對話。

　　另一個成員是每一個人或多或少都有的「審判者」能特，這個能特與「批評者」相關，但是針對你個人以外的不同對象。它是從自己看出去，批判其他人與外在的事物。我們可以有非常大聲的「審判者」和非常小聲的「批評者」，或是剛好相反。當我們操作心靈拼貼®圖卡，有時這兩者是非常誇大或具有陰影的。在我們成員能特當中，自我是被陰影的強度所制約的，其中「審判者」和「批評者」這兩個能特特別會受到影響。在第 9 章，我們會多討論陰影的部分。

　　接著，我舉例許多個可能的成員能特，做為起始的清單。

通常被視為負面與令人討厭的能特

批評者（對待自己）──我們或多或少都有這種能特

審判者（對待他人）──我們也同樣的有這種能特

受傷小孩

叛逆小孩

暴怒的自己

卡片名稱：下降到轉換

套組：成員卡

創作者：米麗 ‧ 笛拉德

「一次又一次，我經歷了往下跳到一個很深的土淵去面對惡魔。」

完美主義者

嘮叨者

壞女人

霸凌者

拖延者

哀鳴者

控制者

嫉妒者

謾罵者

說謊者

等等

通常被視為中性的能特

觀察者（心靈拼貼®圖卡的必要能特）

組織者

老師

照顧者

園丁

房屋清潔者

學生

負責任者

等等

通常被視為正面的能特

快樂小孩（一定可以找得到這個能特，要為它做一張圖卡）

感恩者（快樂的必要能特，也要為它做一張圖卡）

好奇小孩

愛人

忠實的朋友

作家、詩人、說故事的人

志工

慷慨的人

運動者

堅持不懈者

負擔家計者

喜劇演員

主人

藝術家、音樂家或是舞蹈家

等等

　　你會立刻認得這張清單上的許多能特，因為它們在你的人格裡佔據了很大的部分，你已經很熟悉它們。你也會陸續在清單上自己增加一些其他的能特。

　　還是會有一些難以捉摸的能特，因為它們不想被放在意識的光之下，不想被觀察者或其他人命名。舉例來說可能會有：

害怕親密關係者

努力過了但永遠覺得不夠者

不接受責難者

拒絕長大者

旁觀者

永遠是正確者

以上舉例只是建議你開始思考屬於自己的成員份子。我們每個人都有不少的內在成員。其中有一、兩個成員可能是非你所願地站出來主導，佔據了主要舞台。它們經常想要主導表演，所以做心靈拼貼®圖卡可以讓它們早點上場。其他的成員份子可能在你意識的邊緣，很少出聲，甚至隱藏著，但仍會有暗流湧動的能量。這些成員會在你瀏覽雜誌的時候，跳出來選擇代表它們的圖片，即便如此，它們還是會試著逃脫檢驗。

我們所有內在角色都需要被命名並且參與對話。所以，當這些角色出現在內心對話時，把它們加入你的成員清單。如果你還不太確定該如何命名這個能量，你就先在旁邊打個問號。

如果你夠有膽量，你可以問家庭成員或是朋友，幫助你找到成員的能量。這是需要勇氣的，因為你可能會被告知你太「控制」或太「任性」，或是「太……」如何等等。可能總是會有一些成員是「太多」和「太少」。

卡片名稱：車庫拍賣女神
套組：成員卡
創作者：潘・芮能

「我相信每個人和每件事都能重新找到各自的目的。我個人經歷證明，每個欲望都能找到一個資源。我在車庫拍賣中找到許多可用的資源。」

另一方面，你可能會被告知有關正面的能特。而這些能特，是你從來沒有當做是你個人重要的一部分。有一位女士請她先生幫忙看一下她所列出的成員清單，先生看了以後問她：「嗯，怎麼沒看到最佳廚師呢？」結果，這位女士當然就做了一張最佳廚師的圖卡，因為這個能特確實是她生活中很重要的一部分。

如果你參與心靈拼貼®圖卡工作坊的群體活動，可以和其他夥伴一起分享清單。聽聽看其他人的清單，可以幫助你認出「遺忘」或是選擇性忽略的能特。或是，有人將你無法命名的能特說出來的時候，你會得到勇氣與鼓勵去表達出來。有一位女士在一次工作坊中，對大家說出她有一個憤怒小孩的能特，她有時無法控制自己，會在家裡亂丟盤子。這是需要很大的勇氣才說得出口的。因為在場的夥伴絕對不會知道這位舉止優雅的女士，會有這種隱藏的能特。這位女士很少讓這個能特跑出來，只有和她先生在家獨處時會顯現。她不僅對大家說出了這個能特，也找到了圖像為這個能特做了一張心靈拼貼®圖卡。其他夥伴受到這位女士案例的激勵，開始去找出自我隱藏且說不出口的成員角色。

當你不喜歡自己的某部分

「但是」，你可能會說，「我恨這些負面的我。我不想幫它們取名字，或替它們做圖卡。這樣做只會增加這些討厭

卡片名稱：擔心的自我
套組：成員卡
創作者：朵莉・金

「我擔心又擔心。有時候，我擔心會忘了擔心，還寫了字條提醒自己。我需要將我的擔心打包，讓它們自己去擔心。」

能特的能量。我想甩掉它們。」

如果我們可以把一些特定的能特丟到回收箱，當然是最好，但我們的心靈不是這樣運作的。通常，如果我們忽略陰影的能特，它們反而會越來越強大，也因為壓抑，可能會導致嚴重的問題。不予以理會並非是最好的辦法。我們需要認知，並且與這些能特同在。而做心靈拼貼®圖卡，是一種有創意的方法。這個方法鼓勵我們，從觀察者的角度去看待我們的內在角色。我們退後一步去感受與覺知，這些討厭的能

特就會與其他能特一樣，都是屬於我們的一部分。只要這樣做，就可以幫助我們不會特別去區分它們。我們會明白，一個令人討厭的角色，就像跋扈的自我，並不代表我們全部的人格。我們可以更客觀地聆聽，並學習這個能特是如何及為什麼產生的。我們會發現，它在害怕什麼、渴求什麼？為什麼會這樣呈現？

心理學家發現，每個內在角色都想要對我們的靈魂有所貢獻。每個角色都在各自盡力，有時就會扭曲了幫助。批評者可能聽起來像是你的父母親，想要驅使你在各方面都表現優異，讓你更成功。審判者可能期望他人，例如：配偶、子女或是員工可以覺醒，讓他們的生活過得更好。憤怒小孩誘發你和所愛的人吵架，也許只是想要掩飾害怕小孩，想要保護被忽略或失望的弱勢角色。於是，同樣的劇情一再上演。

有位女士寫了下面這段話：

我有幾個能特，我替它們做了圖卡。我認為，它們都是負面的圖卡，我討厭看到這些圖卡。但在讀卡的時候，它們被抽出來，並且揭露了它們對於我的生命的價值。有一張我稱為「我的毀滅傾向」的圖卡，是關於我自己想抽菸的圖卡。讀卡時，它卻顯現出是一張「生還者能特」。至少在我成長的日子裡，它的叛逆是有價值的。我感到很驚訝。

圖解你的成員

有個好方法可以幫助你整理成員清單，就像這個圖表一樣畫出你的成員。先在中央畫一個圓圈代表成員圖表，然後繞著這個中央圓再畫出小圓圈代表清單上的成員角色。大圓

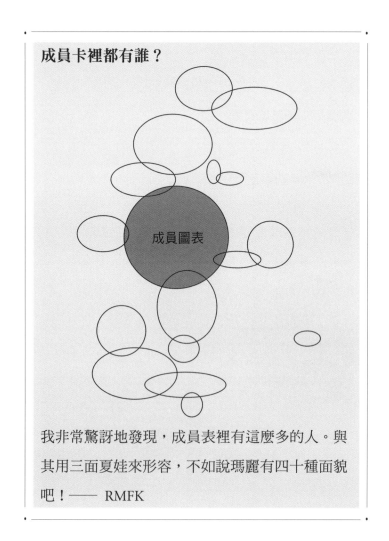

成員卡裡都有誰？

成員圖表

我非常驚訝地發現，成員表裡有這麼多的人。與其用三面夏娃來形容，不如說瑪麗有四十種面貌吧！—— RMFK

圈代表主導者。小圓圈代表比較不說話但仍活躍的角色。

也許，有一個小孩的角色佔據很大的部分；也或許，有個小孩躲在大圓圈底下，只露出一點末梢。也許有些能特已經結盟，就像批評者和完美主義者經常會結盟，呈現在圖表上就會有重疊的部分。有些能特可能就在門邊——僅僅意識到——有些能特甚至還在門外，這些能特仍然躲藏著。雖然它們的能量會傳送到成員裡，但想要找到它們則還是一個謎團。別忘記畫上一些屬於比較中性能特的圓圈，當然，也要放上愉快和有創意的能特。

這樣的圖表是有趣的練習，尤其當你開始進行心靈拼貼®時，會習慣採用左腦辨識。

然而，請記得一件事：無論你是否覺察到某些能特，它們總是隨時精進並改變的。圓圈有時長大有時消失，經常會改變它們在圖表上的位置。另外，所有的成員角色都是逐漸改變的。而改變需要付出心力與耐性。心靈拼貼®圖卡帶來一個希望，在操作中，你的成員會變得流暢、加速精進，找到一個平衡，幫助你的靈魂本質轉換，更能顯化你的生命。

照著這個圖表開始繪製你的成員圖表，然後經過幾年，你再畫一次成員圖表，觀察兩者之間的改變，看看哪個成員出現？哪個成員冷靜下來？哪些圖表中的成員找到平衡以及得力之處。這些轉變將會讓你感到驚訝！

瀏覽圖像：右腦的運作

當你開始進行瀏覽雜誌、撕下圖像或是蒐集網路圖片這些有趣的活動，請先把清單放到一邊別看它。這些清單只是先列出來，預備分類，對於真正的心靈拼貼®流程不是必要的。不要專門從雜誌上找尋一個特定的完美圖像，像是「批評者」、「審判者」、「害羞小孩」或是「觀察者」，這樣做幾乎不會有用。透過右腦和使用直覺瀏覽雜誌，所挑選到的圖片，往往會令你驚訝。但你若使用左腦思考，就絕對不會挑選到這些圖片。

就是這樣不經心地翻閱雜誌，拼貼圖像的方法，顯示其本身的價值與神奇的創意。如果你曾經想要素描，或是畫出自己的一部分，一定需要很刻意地找到正確的顏色、尺寸或表情。同時，你一定也會擔心是否做得正確，最終會因為自己不是專業畫家而放棄。但拼貼就不是這麼一回事了。**當你用一種類似冥想的方式去瀏覽雜誌時，強而有力的圖像會跑出來選擇你**。拼貼不需要天份，只要保持開放和警覺就好。在你的靈魂中，住著雖然隱藏但卻有強烈能量的能特，它們會認得可以表達它們自己的圖像。它們幾乎是驅使你抓到一個圖像，然後把它撕下來。你不會明白這是屬於你的哪一個內在角色，可能也不會喜歡它所挑選的圖像，甚至根本就不想選擇它。然而，這個能特會繼續堅持，往往讓你回頭再去找到這張圖像。

在瀏覽挑選圖片的一段時間，你可以輕易收集十多張圖像。通常每張圖像的能量都不相同，因此終究它們會貼到不同的圖卡上。有些圖卡你可以辨識出它們所代表的能特，但也有些圖卡處於神祕的狀態，完全無法辨識。有些圖像可以當成背景或是配角，有些圖像卻可能永遠都用不上。要充分準備圖像的數量，能夠讓你感受強烈或是吸引你的能量，可以撕下來使用。有些圖像可能很嚇人或是很嚴肅，但也希望有些圖像是滑稽的，能夠讓你開懷大笑。在收集圖像的階段，不要急著詮釋或是命名，讓你的創意自由流暢地進行這個流程。組合圖像時，也要讓能量自由流動，看哪些圖像喜歡放在一起。要到稍晚之後，也許等到練習「我是……」的時候（請見第 11 章），這張圖卡的能量才會顯露它的名字和本質。也許你會驚訝地發現，隱藏在圖卡上的一小件東西，對於整個能特的能量可能是個

卡片名稱：內在批評者（達格瑪・席格批評者）
套組：成員卡
創作者：米歇爾・麥克瑪斯特

「我知道所有的事情。我完全知道什麼是錯的，但你總是不聽。如果你有個方法，我的方法會更好。忽視我，後果自負。」

關鍵點。

舉個例子，有一位做圖卡的女士，在她的能特被揭露出來的時候，她感到非常驚訝：

一位女士在參加心靈拼貼®工作坊時，向夥伴們展示她做的一張女學生的圖卡。這張圖卡有三個穿著制服的小女生，手勾著手，高興地在街上跳著走著。這張圖卡的背景有些模糊，只能看到一個戴著墨鏡男子的頭在看著她們。這位女士很驚訝地發現這張臉。因為，她在做卡的時候，無意識地把這張臉包括進來。這張臉屬於背景的一部分，沒有被其他圖像遮住。她第一眼看到這張臉時感到不太吉利，對於天真無慮的孩子好像有所威脅。但當這名女士開始讀卡，這個男子卻是一位神聖的保護者、一位守望者，都沒有絲毫威脅性。於是，這張圖卡就成為成員卡上的保護者原型特質。

卡片名稱：釋放
套組：成員卡
創作者：南西・威斯

「我放下我一直以來所承擔的世界重量。我相信，其他人會將這個世界扶正。於是我就能飛向我自己的花朵。我最終會是自由的。」

一張圖卡只拼貼一個能量

在此，我想強調稍早提出的一點。這一點在人們開始做圖卡時常常會忘記。心靈拼貼®的流程是做出許多張圖卡，而每張圖卡都是代表靈魂中的一個獨特能特、顯明的能量。圖卡不限張數，有些人擁有上百張圖卡。如果你為你的內在人格角色做過一張清單，在成員卡套組中已經有許多不同的能特，但我可以向你保證，還有許多潛伏的能特尚未被列在清單上。所以，當你組合一張圖卡，讓其代表一個能量。舉例來說，如果你做一張「內在小孩」的圖卡，不要把好幾個不同小孩的能量放在一張圖卡上，像快樂小孩、孤獨小孩、害怕小孩等等。請保持圖卡的重心與單純。比起把一大堆不同的圖像與象徵堆疊在一起的圖卡，少數幾個具相關性的強烈圖像通常更有威力，也容易命名與解讀。

能特會改變

當你把一個圖像黏貼到圖卡上時，很自然會產生一個問題：「如果這個能特改變了該怎麼辦？」當然，能特的確會改變，特別是成員卡套組內的能特。能特的能量是流動且會消長的。能特有時表現得很好，有時卻會越線越得很誇張。或者，剛好你需要它的時候，它卻缺席了。針對所有能特會出現的陰影，我會在第9章充分地討論。底線是這樣的：雖然我們的內在角色會改變，但這些角色很少會完全消失。如

果感覺到某些能特不見了，很可能是它們在一旁等待，在適當的情況下會再次出現。因此，我們從來不會丟掉圖卡。

有些人感受到一個能特的能量在改變中，會將新的圖像黏貼在舊的圖像上，也許會露出一些舊圖像，提醒它原來的本質。有些人會將不再感受到能量的圖卡，先放到一個「退休社群」的盒子裡，另外做一張能量比較強烈與符合現實的圖卡。能特的名字可能會改變，但仍屬於原本的個性角色，只是它在靈性中精進了。

保持心靈拼貼®套組的流動性是很重要的，這樣我們才不會被任何能特卡住，特別是初次顯現出負面的能特。

輕輕握著你的圖卡，把玩著它們，愛它們，改變它們。如果有一天，它們全部消失不見，重新開始做卡。曾經有位女士就發生了這樣的事，她車子被偷了，而放在車上的上百張的圖卡也一起被偷走。在她持續參加十五年的工作坊團體，她都是使用這些圖卡來讀卡，但圖卡卻在一夕之間全都不見，她為此難過了好一陣子。相信我們遇到這樣的情況也會一樣難過，但她接著又開始積極地製作新圖卡。她不假思索地製作圖卡，不去嘗試複製失去的那些卡片，做出來的結果令人驚訝。這個團體的所有夥伴可以看得出，新圖卡與舊圖卡之間的關連，但圖卡上的能特卻已經改變了——能特都精進了。有些能特變得更紮實，有些卻更自由。然而，這些改變的能特仍然存在與舊能特的一些連結。這讓我們學習到

卡片名稱：教師的自我
套組：成員卡
創作者：安卓雅 · 笛藍德

能特的短暫特性，同時也學習到能特的持久存在。對於你內在靈魂短暫的能特而言，心靈拼貼®圖卡會是你持續不斷精進的祝福。

捍衛自我

心靈拼貼®的成員圖卡套組包含了許多的能特，在心理學上也都稱為是「自我」的一部分。不幸的是，近代靈性與自我成長的文章當中，都將「自我」當成非常負面的觀點。我要在此強調，「自我」本身絕對不是負面的。**只有當「自我」失去平衡時，它才會轉換成相當程度的負面。**

我們生存在這個世界上，「自我」是絕對有必要的。唯有「自我」的能特越平衡，「自我」才能為自己與其他人產生越好的功效。記得，黃金法則告訴我們，要愛人如己，不僅是只愛自己而已。然而，找到平衡並保持住這點，確實是很困難的。長遠看來，其實不可能達到。因為這是人性的一部分，特別是無意識的行為，會特別偏愛某一個人，或是以私利為先。每當我們這樣做的時候，「自我」加大強度而成了陰影。相反地，如果我們愛他人勝於愛自己，這也是另一種陰影。我會在第 9 章詳述。只要記得，「自我」是必要存在的，而平衡能讓「自我」運作良好。我們越懂得經營「自我」的能特，就越能取得並保持平衡。

成員與更大的故事

我再提一個簡短的問題：我們個人的成員能特，在顯化一個靈魂的個體故事的同時，如何對應這個地球的更大故事？

由於心靈拼貼®的流程是基於「一」與「許多」的悖論基礎上，我們內在成員的能特都必須被認知為「一」，也就是本源的顯化。因此成員的能特不但在個人的故事中扮演角色，也在這個地球的大故事中有一定的角色。我會建議用幾個方式來思考這個問題。

首先，請記得每個靈魂都是本源的火花。這個火花稱作靈魂本質，就像是每個靈魂裡特殊的「神聖潛力」。靈魂本質是我們的天賦，無論再多的掩蓋或躲藏，它永遠不會消失。靈魂本質也是一個編碼程式，當我們可以有意識地與內在應許與指引方向和諧共存時，就會逐漸明白。不論外在的環境如何，當我們成功做到這種程度，就能體會到愉悅的人生。

卡片名稱：成功者的自我
套組：成員卡
創作者：席娜 ‧ 弗斯特

「能夠爬到高峰是非常有趣的，問題是我們還需要爬多少座高峰？」

成員卡與引導卡經常有所連結

要記得這個問題的另外一件事，就是大故事裡的第四套組圖卡，引導者能特，或是稱作原型。這些原型是進入個人生命，並且指引成員能特顯化大故事的強大宇宙能量。原型雖是強大的能量，但在自然世界中的人類、動物或事物卻不容易看見。因此，原型必須找到特別並且樂意配合的形式，通常，是成員的份子幫助他們在這個世界上顯化特別的能量。引導能特會認出一個特別靈魂本質的獨特編碼，引導能特就會在人的生命中活躍起來。有時這個現象會突然出現，但通常是從孩童時期就顯現的。

我們會在第 8 章中更深一步討論原型，現在只要記得你的成員份子與原型有些是緊密糾纏在一起的。兩者的圖像可能同時出現在一張圖卡上。舉例來說，原型的創造者和你的內在藝術家並肩共存；或是原型的戰士和你內在的政治熱衷者密切合作。如果這兩個能特同時出現在一張圖卡上，那你就必須決定這張圖卡要歸屬在哪一個套組內。當然，你可以做兩張圖卡，一張是引導圖卡，將原型圖像當成主圖像；另一個做法是將原型當成背景，而個人的圖像放在前景做為一張成員圖卡。在最後的分析階段，能特並不在意你將它歸屬到哪一個套組內，它們只是想要被認出來，並讓你聽到它們的聲音。

卡片名稱：內在的作家
套組：成員卡
創作者：海瑟 ‧ 康

在這張圖卡上，愛麗絲 ‧ 華克的照片是由攝影師安東尼 ‧ 巴伯扎所拍攝的。

套卡連結的另一個例子

這裡再舉一個結合套組的例子，加拿大卑詩省的指導員，海瑟 ‧ 康，做了一張圖卡叫做「內在的作家」。這是一張成員圖卡，上面有愛麗絲 ‧ 華克（Alice Walker）的照片，還有一些其他圖像。以下是海瑟所說的話：

「做為一個專業作家，我很珍惜我的這張成員圖卡——『作家』。圖卡內有普利茲得獎作家，愛麗絲 ‧ 華克的照片。多年前我在書店看到這張照片（在一本書的封面），我立刻

被這張照片吸引。即使當時我還不太熟悉她的作品。去年，我從加拿大到舊金山短期工作時，我有機會聽到華克朗讀她最新出版的兒童書。她以溫柔的語氣，唸出書中流暢有力又有見解的文字，深深啟發了我。好像她的精神屬於類似心靈拼貼®的社群圖卡。稍後，我拿著這張內在作家的圖卡走向她，用致敬的心意給她看這張圖卡。我向她解釋心靈拼貼®的流程。她一聽到『心靈』兩個字就喊道：『哦，我很喜愛它。』她在我的圖卡背面畫上一個大愛心和簽名。我太感動了！這個連結讓我明顯感受到，心靈拼貼®的強度與寬度，特別是我獨自在加州，遠離朋友、家人和我的靈性團體。感謝妳，席娜，分享了這套流程，有著許多豐富的內容，還能觸摸到許多想像不到的所在。」

海瑟，我也同樣感謝妳。這是一個將社群人物放在成員圖卡上的最佳範例。我也曾經做過類似的圖卡，在「內在作家」的圖卡角落上，放了一小張莎士比亞的臉，做為靈感的源頭。現在妳也可以用同一張照片做為主要圖像，替愛麗絲 ‧ 華克單獨做一張圖卡，就可以把這張圖卡歸類到社群圖卡套組內。

CHAPTER 6

社群卡套組

公共向度

心靈拼貼®圖卡套組中，第二套卡片是社群卡，這個套組的意思，就如同它的名字一樣。社群卡包含的人事物所帶來的特別能量，對你個人的故事有相當程度的影響。你很可能創作出許多圖卡都是屬於社群卡，這是原本應當如此的情況。在我們的靈魂裡，我們的社群是個持續且有形的存在。社群圖卡上所拼貼的圖片與象徵，是與你有直接或間接關係的人物或寵物。他們貢獻了愛及智慧與你連結，而他們的需求與挑戰也同時將你纏繞。他們和成員卡中的能特一樣，是指引、盟友也是挑戰者，所以我們也稱呼他們是能特。在讀卡的時候，我們能意會他們的建議與智慧，回答我們的問題。

卡片名稱：我的母親
套組：社群卡
創作者：梨妲 · 德魯吉歐

「我是一個忠貞堅定的妻子。」

如果你正在想，為什麼要把我們之外的這些人事物包括進來圖卡內，這就是原因了。阻擋我們彼此的界限——時間與空間——是非常具有穿透力的，其他人事物的能量持續不斷穿越我們的靈魂，往往影響到我們本身。而我們也在不知不覺之中，持續不斷地影響他人。就想想看你的祖先吧！他們的基因是如何傳遞給你的？祖先遺傳給你天份、傾向還有缺點。記得那些激勵你或是給你難題的老師嗎？再想想你的父母親、兄弟姊妹、配偶和孩子，他們是如此交錯融入到你的靈魂，沒有他們，不會構成現在的你。即使是對你有負面意見的人，也是你靈魂的一部分，他們所帶來的訊息可能內化成你的部分陰影。

其實，社群卡是整套圖卡中最初的一套卡。1986 年，我開始參加為期三年的計畫，這是由琴・休斯頓所領導的專案。在 1989 年，我帶了一百多張「能特卡」到會議中做為期末報告。每張卡上面都是我對每一位參與學員的尊崇與紀念。在兩期專案計畫空檔的六個月期間，我每一天抽出一個

要的部分，我不得不繼續這個習慣；這個持續發展的流程，就是現在的「心靈拼貼®圖卡」。

你會選誰進入這套圖卡？

你可以從下列選出社群的能特：祖先、家人、朋友、老師、治療師，或是寵物。

可能你原本就認識其中一些人，或是透過他們的藝術、著作或特殊事蹟而認識的人。也許是現在還活著的人，也許是已經過世的人；這些人必須是真正存在的人，而不是虛構人物。喜愛這些人物並不是挑選到社群能特的主要條件。主要是你可以認出，或是紀念他們帶給你心靈影響的特別能量。當你抽到這張卡去讀卡時，他們能顯現獨特的觀點。

我曾經替一位我很欽佩的老太太，做了一張圖卡。有一次在她的生日宴會上，我請教她，是否可以跟我分享她長壽的祕訣。她毫不遲疑地回答我：「珍惜那些中斷你的事物！」這回答讓我很吃驚也很發愁，因為

卡片名稱：凱里雅和吉姆
套組：社群卡
創作者：席娜・弗斯特

「多年前的一個週六，我們走進席娜的客廳，發現了這個流程。就是現在稱為心靈拼貼®圖卡的流程！」

名字，指定這個人做為我這一天的能特。接著，我就為這位學員做了一張專屬於他的卡片。這個練習，成為我每一天重

我最不喜歡有突發狀況打斷我正在做的事情。然而，她的這番話，的確改變了我一向死板、以目標為導向的做事風格。

多年後，每當我抽到這張露易絲的圖卡，她的話就會重新喚醒我對這句話的覺醒，以及中斷這件事情帶給我的挑戰。

有一位女士告訴我，紀念一位去世家人的社群卡是多麼地重要：

「我的父親已經逝世四年多了。席娜一直告訴我為父親做一張圖卡，但我就是一再抗拒。我對於父親的離開，有太多的罪惡感。我們曾經一起搭乘遊輪，在靠岸的前一天，我們爭執得很厲害……我的態度很差……兩個月後父親走了……我一直沒有機會對他說聲抱歉，這個罪惡感一直跟著我……但當我做了父親的圖卡，打消了這個罪惡感念頭之後……我感到舒服許多，同時也了解到事情過去了，沒有關係的……我現在就是這樣使用這張圖卡，也常拿出這張圖卡來。這張圖卡讓我得到安慰。」

一位住在華盛頓州的心靈拼貼®指導員，茱莉亞．菲爾德，告訴我有關她的一張社群卡的經驗：

「有一次我在讀卡的時候，抽出一張圖卡，是我做的一張妹妹的圖卡。這讓我有些困擾，因為通常她不會是我想要諮詢的對象——我一向認為我們兩個人在思想和處事行為上是南轅北轍。我不會驚訝這張圖卡會對我說什麼的（因為我妹妹永遠有準備好的答案），但是我卻很驚訝我願意傾聽的意願有多少。如果這些話從我妹妹的口中說出，我的行為模式就會自動剔除並關閉她的話。我感覺到，這張圖卡是我們

卡片名稱：我的父親
套組：社群卡
創作者：Ｂ．Ｊ．金

「我愛我的父親，也知道他一直都愛我。父親的慈愛、寬容，與全然接受並活出上帝的樣子令我感到驕傲。」

替自己列一份清單

製作包括社群能特的一份清單。這裡有些問題可以幫助你開始列出這份清單。請不要想太多，快速地記錄你的答案。有些名字可能會一而再地出現。等到這份清單寫好以後，你也可以按照自己的想法排序。

- 寫下生命中重要的十五個人的名字。可以是現在的人或是已經過世的人。
- 寫出三位祖先的名字，你認為遺傳到他們的哪些能量或是個人特質。寫下一位祖先的名字，你想邀請他成為你的特別導師。
- 寫出三位曾經影響你深遠的老師的名字。
- 寫出三位你認為對你的人生方向有所幫助的偉大歷史人物。
- 你在半夜有必須傾吐的事情，你會打電話給誰？

- 你憂傷與沮喪的時候，你想要誰陪在身邊？
- 你想找人一起玩的時候，你會打電話給誰？
- 如果被放逐在沙漠孤島上，你會希望有哪五個人陪你？
- 有誰激發你深層的夢想？有誰鼓勵了這個夢想？
- 誰的挑戰促使你努力並且幫助你成長？
- 在你的生命中，曾經有哪些心愛的寵物？
- 舉出二個你喜愛的地方，是有特殊療癒或是令你振奮的地方。

姊妹之間的和事佬，我們之間的關係從此改變了（或者，是我改變我在姊妹之間的關係）。我現在比較可以傾聽她，可以更加欣賞這張圖卡捕捉了她的特質。同時，我也能看到這個特質在我身上萌芽。這是另一個心靈拼貼®的奇蹟！」

卡片名稱：夏日風暴
套組：社群卡
創作者：可琳 · 貝尼利

「我為你而生。」

　　當然這份清單只是一個開頭。或許當你翻著書架上的書本、讀報紙、回顧相本，和家人朋友聊天的時候，許多名字會不斷冒出。

紀念群體

　　我期待你寫下這份清單之後，會有成打或更多的人物可以讓你開始製作圖卡。也許有些人認為：「這簡直太多人了吧！」；有些人卻認為，自己的社群人物太少了。在開始做

卡的時候，太多或太少人都沒有關係，就從這些人物開始展開。這套社群卡並沒有設定多少張圖卡，隨著時間推進，你會一直增加名單。在我的生命當中，隸屬於好幾個對我有重大意義的團體。如果要為團體裡的每一個人做一張圖卡，對我來說有些困難。因此，我將特定團體中的一些人的臉孔，做了一張集體的心靈拼貼®圖卡。當我抽到這張圖卡時，就是這個團體的整體能量，回答我的問題。除此之外，我也會替這個團體的特定幾個人製作個人圖卡，這些人是特別的朋友。這些圖卡的團體，不是很龐大的一個團體，或是一般普通的團體，而是你所認識的人群，並且定期聚會的群體。

卡片名稱：多年來的寵物
套組：社群卡
創作者：席娜 · 弗斯特

「我們是妳過去和現在寵愛的動物。妳給我們命名，並且愛著我們。我們也是無條件地愛著妳。」

紀念寵物

我自己很喜愛的一張社群卡，是我多年來所養的寵物圖卡。對我來說，我曾經有過太多的寵物，無法為牠們一一製作單獨的圖卡。除此之外，我喜愛看著牠們全都聚集在一張圖卡上面。有些寵物現在還陪在我的身邊；但牠們大多數都已經去世了。我甚至還找到，一張我小時候跟我的狗和貓合

照的古老照片。每當我抽到這張卡，我就會想到，這些對我忠實的各種寵物，牠們愛著我、讓我開心，同時也「陪伴」著我。我對著巴吉度獵犬微笑，她的名字叫做甜李，有著一雙大耳朵；還有一隻名叫露西的老貓，她至少有九世生命，說不定還不只九世。我抽到這張圖卡時，它對我說出的能量是溫暖、忠實和熱愛。

創作這些圖卡

在心靈拼貼®圖卡當中，社群圖卡套組的卡片是最刻意製作的，意思是你不會就是瀏覽雜誌，然後無意識地選擇圖片。反而，你會從所列的清單當中，特意為某人製作一張社群圖卡。如果你有照片，就選一張拿來縮小或放大到你的圖卡上，剪除多餘的人物、背景或不相關的事物。如果你知道，比起翻閱舊相本，你會更常在圖卡上看到這張照片，就從相本裡剪下這個人像，為其選擇可以反映出，屬於他本身能量的背景，好比說：花園、書本、廚房、有趣的事物、創作品或是嗜好。如果你並沒有這個人物的實體相片，你可以使用象徵性的圖像，能夠表達出這個人物的主要能量。當你收集一些特殊圖像放到信封內，存放一段日子後，通常會突然湧現靈感，而將這些圖像做成社群圖卡。

有些人會迴避做這些圖卡，因為他們認為要找到「完美」的圖像來代替他們所愛的人，是很困難的事。且讓我告訴你，

卡片名稱：神祕
套組：社群卡
創作者：席娜 · 弗斯特

「當你經過的時候，我看著你並向你鞠躬。我在提醒你，是愛使我們憶起，我們原是一體的。」

如果你知道，比起翻閱舊相本，你會更常在圖卡上看到這張照片，就從相本裡剪下這個人像。

圖像沒有必要代表一個人的所有特質或是特性。只要將圖像仔細剪下，貼在新的圖片背景上，再加上一些搭配的圖像，就可以提醒我們有關他們的能量了。

如果一張圖卡上有兩個人物也是可以的，比如母親與父親在同一張圖卡上，若你感受到他們是同一種能量（舉例：雙親），就可以這麼做。但如果你感受到，雙親給你的能量是完全不同的，這時就分別為他們各做一張圖卡。同樣，如果多位祖先給你的建議是相同的，就可以將多位祖先全部都放在同一張圖卡上。

我會建議你，不要在所有的心靈拼貼®圖卡上拼貼文字，因為當我們讀卡時，這些文字可能會限制能特要告訴你的話。我鼓勵你仔細將人物圖像從背景上剪下來。華盛頓州的心靈拼貼®培訓講師，諾麗・芮明頓，她記得有一位指導員潔芮・博德瑪曾經提到剪下圖像的過程：

當我們將圖像從背景上剪下來，我們是在祝福這張圖像。特別是當我剪下我的朋友，或是所愛的人的照片來做社群卡的時候，我都是懷抱這樣的祝福意圖。每當我用剪刀順著剪下照片裡人像的手指頭、臂膀和其他身體的部分，我都用意念祝福著她。

卡片名稱：達林
套組：社群卡
創作者：吉利姐・賀立門

「我是一個勇敢的、敏銳的、傻乎乎的人；我的智慧超乎我的年齡。我有個老靈魂，帶著一點魯莽。熱火在我的肚子裡燃燒。冒險吧！我感到生氣勃勃——只要相信，別害怕結果。」

卡片名稱：紀念吉姆
套組：社群卡
創作者：潘 · 史威迎
紀念我的弟弟提姆西 · 葛蘭姆 · 史威迎（1955-1983）

「我先離你而去。雖然我這麼熱愛生命，還是必須離去。我是在教你憂傷與失去的課題。我住在你的心裡。」

使用和分享你的卡片

　　在本書裡，我會再三強調，使用圖卡做為一種日常儀式的價值。過去二十年來，我持續做了一個日常練習：每天早晨，將所有圖卡正面朝下，放在小小聖壇上，然後從這一疊圖卡中抽出兩張圖卡。我會從社群卡套組中抽出第一張圖卡。我在四套圖卡套組的背面都貼上不同顏色的紙張，因此我知道哪一個套組是社群卡套組。然後，再從另外三套套組中抽取第二張圖卡。我將這兩張圖卡翻到正面，看是哪兩張圖卡做為我當天的能特。接著，將這兩張圖卡豎立在我經過時容易看到的地方，並將這兩張圖卡的名字記錄在我的日誌上。就是這麼簡單，不用耗費太多時間。這麼做很有意義，因為它們帶給我的能特，是以一種奇特的方式與我同在。偶爾，我會寫封電子郵件，或打個電話給圖卡上的人，讓他們知道他們是我這一天的能特。這樣的練習方法，讓我可以和失聯多年的朋友保持連絡。隔天早上，我將這兩張圖卡放回我的套組，感謝它們，再另外抽兩張圖卡開啟新的一天。這方法只是一個日常儀式的建議。你可以自行創造屬於自己的儀式。

　　當然你也可以在讀卡的時候，和其他圖卡合併使用這些圖卡，我會在第 12 章詳細描述。簡而言之，當你抽出一張社群圖卡來回答問題，你會進入這張圖卡上的人、動物或地

點的能量，用它們當做第一人稱來說出這個問題。你會直覺感受到這張圖卡上的人所給你的答案，如實反應出這個人帶來的能量。如果圖卡上是一個地點和物品，你的直覺所產生的想像力也同樣地有智慧。

最後，如果你還可以連絡上這些圖卡上的人，我要鼓勵你和他們一起分享這些圖卡。這些社群的能特會很喜愛看到他們自己的圖卡，很有可能也會因此對於心靈拼貼®的流程感到興趣，想了解你是如何去使用他們的圖像。對於你將他們視為你心靈的能特，他們會很高興。

如果一張卡的能量改變了怎麼辦？

這是每一個套組的圖卡都會出現的問題。也許在社群圖卡中，比較少出現能特能量改變的情況。但如果真的出現明顯地改變，你可以增加新的圖像或是再做一張新卡。如果圖卡上的人對你而言不再有能量，你也可以將這張圖卡放到退休的盒子裡。

社群圖卡中的陰影

另外，還有一個常見的問題就是：「我不該把誰放到這一個套組呢？」我會這麼回答：「不要把對你有毒素的人放到你的社群套組裡。」我的意思是，你不應該諮詢對你完全沒有幫助的能特，把這些人當做讓我們精進動力的挑戰都談

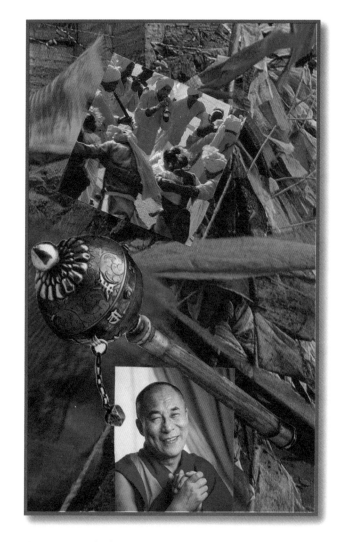

卡片名稱：達賴喇嘛
套組：社群卡
創作者：潔芮 · 博德瑪

「我說：『生命的根本目的就是幸福——它把握在我們自己的手中。』一個令人省思的提醒。」

卡片名稱：夢見爺爺
套組：社群卡
創作者：朵莉・金

「我是在你困難時刻的一個輕柔撫慰、在你有美好時光的一個擁抱。在你進入夢鄉時，我來到你的夢中，充滿微笑地向你低聲輕語。我看著你閃閃發光。」

為難你的能特屬於你個人的一部分，你必須處理它們，將它們帶向平衡。而改變或平衡外在社群能特的能量，不該是你要處理的事。除非，這些訊息透過你的師長或雙親，內化成你個人的事。你的課題是傾聽，聽完之後分類，接受或拒絕它們的意見。如果你放到社群套組的一張圖卡，它的能量經常失衡，也許是你所愛的人過度要求或批判你，你要確認可以認出這個陰影部分，也許用某種方式呈現在這張圖卡上。或許只是一個小小的象徵，只有你自己了解。請記得心靈拼貼®的基本原則：**所有的能特，因為它們有形式，自然有陰影的潛在性。**社群圖卡套組內的每一個人

不上。有些人會挑戰你或指正你，雖然會很難受，但你會感謝他們所帶給你的能量。即使你個人不喜歡他們，可能還是要將他們包括進社群套組裡。

　　這跟你的成員圖卡是不一樣的狀況。在成員圖卡套組當中，你需要將為難你的能特包含到套組內。因為，這些

物都是如此。你不必將多數的圖卡都放上陰影，只要記得都有潛在的陰影就可以，即使是聖潔的祖母或達賴喇嘛也是如此。在讀卡的時候，有些時候陰影會出現，針對問題給予意見。然而，在大多數讀卡時，有著更平衡且具正面能量的同一個能特會給予解答。

圖卡的共時性（Synchronicity）

　　我想簡短地談一下共時性。因為在抽取與諮詢社群圖卡的時候，經常會出現共時性。「共時性」是由榮格所使用的名詞，這現象引起他極大興趣。他定義共時性是「一種因果關係連結的原則」，或是我們使用比較簡單的說法，就是「兩種事件有意義的巧合」。榮格經常經歷共時性，比如說，他剛做了一個夢，然後他的個案到診間來描述的，就完全是同一個夢境。在心靈拼貼®過程中，我們遇到的共時性，是我們讀卡的時候，抽取與翻開的這張圖卡，往往就是我們要問的同一個人或同一件事。就好像你正想著某個人，這個人就打電話來了。只是在心靈拼貼®的過程中，我們正想著某人，結果就翻到他們的圖卡，或是正適合他們的圖像，顯現在圖卡上。特別是當你有許多圖卡時，你的手好像會自己挑選般翻出這張圖卡，有著令人驚訝的巧合。

　　這並非是不尋常或怪異的現象。如果我們相信宇宙的許多能量，與本源的獨一性深刻地交織在一起，那麼共時性是可預期的。然而，大多數的我們並沒有留意觀察，以致於忽略了在我們身邊的共時性。唯有我們透過心靈拼貼®的流程，開發出「觀察者」的自我，才能意識到我們的心靈活動如何交織，也才能開始注意到巧合。可能就在我們伸出一根能量的手指頭，朝向另一個人的時候，發生了巧合——不受時空限制的範圍。我們在創作或是讀取心靈拼貼®圖卡，特別是

卡片名稱：從面紗的背後：襪子
套組：社群卡
創作者：南西 · 威斯

「我從面紗的後方過來，是要告訴你愛是永遠不會滅亡的。你可以在抱我的布裡找到我；同時也開啟了你自己的冥想迷宮。」

卡片名稱：葛雷西
套組：社群卡
創作者：拉倫 · 李奧納

「我好奇地在花園裡悄悄看著你。」

的工作坊。以下是她發給我有關這個工作坊的部分工作報告：

工作坊結束的最後一天，我邀請學員將他們所有的社群圖卡按照時間順序擺放。這是從迪娜 · 美滋格（Deena Metzger）的書《為你的生活而寫》（*Writing for Your Life*）裡面的一個活動所得到的靈感（該書第 199 頁），然後，我請大家反省下列問題：這些人有什麼共通特質？總體而言，他們如何影響我？他們顯化了我什麼樣的特定資產（優點、天賦、遺贈）？我被召喚來繼續承接什麼樣的精神財富？諾麗接著說：「我喜愛這個練習，因為這是基本的前提，你的社群反映出你是誰；你從他們身上看到的特性，同樣也在你的身上出現。當你創作的圖卡是你的老師、指導者，還有生命中啟發你的人時，這個影響特別強大。這是一種認可並尊敬你的家族系統的方式，也是探索你這一生所要傳承的精神財富。」

使用社群圖卡，可以碰到這種巧合。所以，請期盼共時性的出現，仔細觀察它們，並且好好享受它們所帶來的樂趣！

社群圖卡工作坊

有些心靈拼貼®指導員會進行特殊的工作坊，在特定的一段時間內只專注進行一套圖卡套組。華盛頓州的培訓講師，諾麗 · 芮明頓曾經針對社群圖卡，連續帶領五個週末

> 你的社群反映出你是誰；你從他們身上看到的特性，同樣也在你的身上出現。
> ——諾麗 · 芮明頓

CHAPTER 7

同伴卡套組

活力向度

心靈拼貼®圖卡套組中的第三套卡片，是同伴卡。當你被引導視覺冥想的時候，你會發現你的同伴能特。比起前兩套的套組，這第三個套組所發現的能特，似乎比較陌生與神祕。找到這些能特並且為它們製作圖卡，想像力與直覺會是最好的工具。進行視覺冥想時，先不要設定期望，並且盡量保持開放的心態。我幾乎可以肯定的是，冥想中出現的人物和帶來的能量，一定會讓你感到驚訝。

同伴卡套組中的能特是一面鏡子，反射出你身體與精微體的能量，流暢或堵塞、有改變的能力去協助與療癒，或阻礙、傷害。使用古老瑜伽的能量中心「脈輪」，你會發現裡面的能特，主要是動物，在你的七個脈輪中活動著。

卡片名稱：第七個脈輪老鷹
套組：同伴卡
創作者：米麗・笛拉德

「當我的身體和心靈全然安適休憩，我將光與靈帶入自覺的意識和形式。」

我們使用一種引導式的視覺冥想（稍後會提供範本），你可以錄音存檔後重覆使用。或者，你可以購買一片「心靈拼貼®介紹」的 CD，裡面有我錄好的引導話語。每個人想像自己的動物，因此這套圖卡七個脈輪的代表動物都會不相同。也許在團體裡有些人的動物會重覆出現，但是一套中的七個動物圖卡會成為你個人獨特的套組。

脈輪能量的概念，是來自於東方的瑜伽哲學，現在已經被西方能量治療者廣為接受並使用。簡單概述一下脈輪：它是我們身體裡面流竄的活潑能量，沿著脊柱的途徑，特別集中在至少七個旋渦上。這種能量透過許多種能量活動，包括：按摩、冥想、瑜伽、針灸、呼吸法，

或是視覺冥想，可以被開啟、平衡及引導，在體內自由地流動。

能量活動會強化我們的身體健康，對於精神與情緒健康也有幫助。當我們協調運作個體的能量，就與大自然的韻律和諧共舞。心靈拼貼®的這套卡組，可以用許多方式來幫助我們獲得平衡。

為什麼要以動物為代表？

稍後在這一章，你會找到七個脈輪的名稱與簡單說明，以及每一個脈輪的特別屬性。在第一次實作視覺冥想之前，先閱讀說明是很有幫助的。如果你想要了解更多脈輪的訊息，坊間有許多刊載圖表與詳細說明的書籍可供參考。在此，我特別介紹一本有關脈輪的書，也是對我發展同伴圖卡套組最有幫助的一本書。作者是史蒂夫・蓋勒葛（Stephen Gallegos），書名是《個人的圖騰柱》（*Personal Totem Pole*）。蓋勒葛首先提出，在脈輪中發現個人動物圖騰的研究，在書中描述了他的流程。他運用引導式的視覺冥想來找到這些動物，就像我們在心靈拼貼®裡使用的方法一樣，蓋勒葛也敘述了強而有力的經驗，描述人們如何找到他們的動物圖騰以及與動物之間的對話。

其他人也曾提到人類與我們原始的本能，也就是動物的

> 我們必須將靈魂重新與大自然的活力再次連結。而想像動物在我們的脈輪中，可以幫助我們連結。當我們協調運作個體的能量，就與大自然的韻律和諧共舞。

能量，重新連結的重要性。這裡是拉德森・辛頓（Ladson Hinton）的文章〈一個回歸動物的靈魂〉（*A Return to the Animal Soul*）開頭：「人類未來的生存，仰賴於人類回到與大自然正確的關係。這種需求是內在與外在兩者的。對此努力，動物的靈魂是我們最可靠的指引……既然我們不再透過狩獵與動物交手，同時也只有少數人能有預知的感應，我們必須尋找方法可以重新創造與動物界有意義的連結。」

我同意辛頓的論點，就是我們必須將人類的靈魂和具有充沛活力的大自然相互連結。而去想像脈輪中的動物，可以幫助我們做到這點。

《薩滿之路》（*The Way of the Shaman*）的作者，麥可・哈納（Michael Harner）提到，動物可以幫助我們的方法，是我們「舞出」牠們的樣子。在心靈拼貼®中，我們不僅為我們的動物能特找到圖像並製作圖卡，同時也會體現來自動物的一種特殊能量，去實際模仿動物的活動。做完引導的視覺冥想之後，放上音樂，如果空間夠大，把代表你脈輪的動物樣子舞動出來。如果空間太小，建議大家想像用動物的能量來律動。對某些人來說，這麼做可能感覺很尷尬，甚至會不好意思。我們人類花許多時間在智力思考上，而一旦運用身體的自發本能，在公開場合律動，卻會覺得很尷尬。

然而，這一個套組的能特動物，全部是談論我們身體內流動的能量，因此，請盡量配合讓這樣的流動發生。如果你現在無法做到，請先在腦袋中用想像做出動物的活動，直到你感到舒服，可以同時律動身體。在律動的同時，也讓觀察者注意你的成員能特會說些什麼。無論是正面或負面的評語，都請記下內容。如此一來，你就能記得這些能特，以及意識到它們所代表的觀點。

我們希望在心靈拼貼®的流程，透過視覺化的冥想，讓你輕鬆找到屬於自己的動物能特。其他找到動物能特的方法，可能是透過夢境所出現的動物做為引導，或是透過冥想活動、呼吸練習的經驗。這些都是想像「成為」和「與之溝通」一個超自然動物的方法。我們希望避免用邏輯的心智，去選擇一個動物，以為它是符合特定的能量描述。在選擇動物的過程當中，相信直覺的心智是比較有智慧的。而透過引導的視覺冥想，你會找到屬於自己的動物能特。

透過視覺性引導找到同伴

現在假設你已經準備好，用放鬆的心情透過引導的視覺性冥想，找到一個你的脈輪動物。我會建議你，一次找一個動物，這樣可以多做幾次練習。你可以參加團體的練習，或是事先錄好引導式冥想的語句，自行在家練習。

卡片名稱：第七個脈輪獵鷹
套組：同伴卡
創作者：凱薩琳 · 安德森

「我從一個比較高的觀點看事情，從每天繁雜的事物升起，相信自己的直覺和本能。我在隱蔽的地方休息，耐心等候展翅飛翔的最好時機。」

- 讓自己或坐或躺，處在一個舒服的狀態，但不要因為太舒服而睡著了。
- 確認自己不會受到電話或其他事物干擾。
- 打開這段引導式想像旅程的錄音。
- 做幾次深呼吸，讓自己處於放鬆的狀態，或是進入輕微恍惚的狀態。
- 讓你的思緒順從錄音的話語，讓你的想像力接手運行其他工作。
- 在視覺化的過程中，你將首先經歷一個脈輪到另一個脈輪的旅程，開始接觸每個脈輪不同的能量，還不要嘗試去找到動物。這個階段是給你的身體一段時間練習放鬆。
- 在這段整體放鬆的時間之後，你將會被引導回到其中一個脈輪，花點時間停留在那裡，感覺它特別的能量，然後讓住在這個脈輪的動物或物件，呈現出其面貌。你會花點時間注意這個能特，將自己變成這個動物，然後以牠的能量開始律動；然後，你就可以從內心與牠開始對話。
- 如果過程中都沒有動物出現也沒關係。你可以之後再回到這個脈輪冥想練習。如果同時有許多動物或物件出現，先不要論斷，就讓牠們一一走過你的思緒，看看是否最終有一個動物會宣稱，這是屬於牠的位置。通常，一個脈輪只會出現一個動物。但有時會有兩個動物出現在一個脈輪中，這代表脈輪中發生了兩種不同的能量。

當你恢復到常態後，花個幾分鐘做記錄。或是，在記錄之前，能夠學習這個動物的活動方式，協助你將動物能特放入你的意識裡會更好。如果你和團體一起做這個活動，彼此可以分享經驗，報告出現哪些動物？牠們如何活動？這些都是可貴的經驗。因為這個套組的圖卡是先出現形象，再去找對應的圖片。因此，其他人也可以幫助你尋找圖片。可以使用其他人幫忙找到的圖片，但如果跟你冥想的動物姿態不同，就暫時不要黏貼到圖卡上。你所想像的動物，與找到的圖片不僅僅是同一種動物，更重要的，是圖片的動物能夠表現出牠的能量——奔跑的、飛翔的、游水的、睡著的、躲藏的。也許你經歷到同樣的動物有不同的能量，你就能將兩個一樣的動物貼在同一張圖卡上，各自表達不同的能量。

有時出現的並不是動物。舉例來說，也許出現的是個天使、獨角獸、樹，明顯地出現在脈輪的居所也有可能。雖然，我建議專注在動物的冥想，因為牠們是我們接觸人類能量元素的很好資源。但如果你無意識地為脈輪選擇了其他形象，就信賴你的選擇吧！

意想不到的動物

在心靈拼貼®的過程裡，信賴你的無意識是相當重要的一部分。我們是無意識地尋找圖像、創作圖卡以及讀卡。信賴無意識的過程，經常會帶給我們意想不到的結果。也許是

有趣的驚喜，也或許是煩擾的意外。特別是在進行視覺冥想的過程中，我們嘗試讓思考的腦袋保持安靜，好讓更深層的能量出來選擇能特，更是要信賴無意識。

在同伴圖卡套組中，你可能會驚訝於某種動物的出現，甚至是讓你嚇一跳的動物。

我不會告訴你曾經出現了哪些奇怪的動物，因為我不想讓你的腦海留下這些動物的印象。不過你可以盡量想像！盡你所能，讓你內在的「批評者」安靜，全然接受出現的動物或是其他形象。非常有可能是這個脈輪的能量，想要傳達一個重大的訊息給你，讓你了解並和它一起工作。不要立刻詮釋它，只要去找到圖像，並做成圖卡就好。保持開放的心態。驚奇位於心靈拼貼®過程的核心，也是轉換的觸媒，可以幫助我們從尋常的思維模式中跳脫出來。

令人驚訝的第一個形象出現後，我們的思維就發生了變化，之後就要靠我們的練習。光靠著一瞬間「啊哈！」的頓悟，不會讓我們就此有所改變或持續改變下去。為了改變我們腦袋固有的慣例，必須常常練習這種新的能量意識。因此，除了要持續找到對應的圖像之外，還要為它們做圖卡，並且與之對話。最好每天都能練習，或至少能夠經常練習。

我想要分享一個故事，是一位加州培訓講師在冥想中，所出現的一個令人驚喜、但並不是她喜愛的一個生物。像這樣改變意識的故事也經常發生。也許這個故事可以幫助你，

卡片名稱：火蛇——第一個脈輪
套組：同伴卡
創作者：瑪麗亞博娜 · 西拉貝拉

「我維護著生物的基本需求：願你遵從你的直覺，與生命共振，記得種植食物、庇護身體、居住在水邊。」

卡片名稱：第六個脈輪貓頭鷹（照片提供者：史蒂芬妮 · 薛珀德）
套組：同伴卡
創作者：凱里雅 · 泰勒

「我在你之前就先知道了。」

允許你聰明的無意識替你選擇脈輪的動物。我讓瑪麗亞博娜 · 西拉貝拉用自己的話語，說出發生在她身上的故事：

當我第一次參加席娜所帶領的同伴視覺冥想工作坊，她引導我們專注在心輪。我手上早就有一些喜愛的動物名單，所以我很高興地期待著，某個我所熟悉的動物出現。然而，在我進入恍惚感應的深度放鬆時，我看見了一隻天鵝。我搖搖頭，天鵝可不在我的名單上。誰想要一隻天鵝在心輪裡呢？我可不想要。我從來對天鵝沒有特殊的喜愛：牠在公園裡太炫耀，不夠自然野放，不是我喜愛的典型。如果是一隻老鷹我反而會喜歡。甚至，我能接受曾在夢裡出現過的一隻被催眠過的蝾螈。不管我如何搖頭，這隻天鵝還是回來了。席娜的聲音提醒著我們，要保持接受與不作論斷的心態。視覺冥想結束了，無法作弊——要對誰作弊呢？我決定臣服於這個結果。在接下來的四個鐘頭，開始找天鵝的圖像並探討它所代表的象徵。於是，我做了第一張心靈拼貼®圖卡：我的心輪同伴卡。

幾年後有一天，我檢視著我的圖卡，再次讀我的這張天鵝心輪圖卡，突然之間我的眼眶裡充滿了淚水。因為，我終於頓悟，從這隻美麗的天鵝身上我看到自己幼兒時期的「醜小鴨」。我怎麼會多年來忽略了這件事？從醜小鴨蛻變成天鵝，住在我的心輪是再也恰當不過了。這隻天鵝的出現，確認我的心輪是一個轉型改造的所在地，也是一個可以支持其他人轉型改造的處所。這張圖卡成為一張非常重要的圖卡，它提醒著我的一種親身體驗，從被拋棄與沒有歸屬感的狀態，藉著我越靠近本性而成功的轉型。

七個脈輪的描述

接著，我要大致說明，體內七個能量中心所對應的脈輪屬性。當能量順著脊柱運行，脈輪就越來越細膩。然而，七個脈輪對應我們的身體健康，與我們心靈的能特，全部都很重要。如果其中任何一個脈輪有困滯，以致於能量無法暢通，我們的心靈就會透過身體、心智或情緒的表現而有所感應。

第一脈輪：位於脊柱底部，是第一個，或稱為海底輪。它是脈輪的基石，身體的能量牢固紮根在地層下流動的能量。第一脈輪與我們人類生存所需的物質有關，我們需要庇護，以及足夠的食物餵養我們。這一脈輪與我們的安全感、「接地性」，和最底層的自尊都有關係。第一脈輪的流暢能量，可以讓身體和情緒保持平衡與穩定。這個海底輪內的能量，是由土地開始竄起並且向上流動。它延著脊柱流動，給予我們天然的活力。

第二脈輪：位於下背部骶骨的彎曲處，連結的是情慾與性慾。這個能量的一部分對於生殖很重要；但它也同時是點燃創意、熱情與情感的能量中心。第二脈輪的能量，和第一脈輪的活力相連結，推動活躍第二個脈輪以上的脈輪。人們也稱這個脈輪

卡片名稱：第二個脈輪
套組：同伴卡
創作者：凱薩琳 · 安德森

「我來提醒你，你和貫穿在所有事物的神聖本源是有連結的。我表明給你看，只要你用靜默的專注、意圖和信賴，就有能力將你的夢想孕育成生命。」

是祖先所遺留給我們的能量。

第三脈輪：在脊柱內肚臍的後面，住著火熱的「珠寶蓮花」脈輪。這是我們個人強烈的自我居住之地。當必須設定一個界限時，我們憑藉這裡的能力斷然抗拒。同時，也是這個地方同樣的能力，清楚並主動地採取同意的行動。從這個地方，我們時常競爭、嘗試控制、努力防衛。在它的中心，有著熱騰騰的旋轉能量，幫助個人用自己的方式，度過艱困的外在世界。如果第三脈輪有堵塞，我們會感覺到被困住或無助。這並不是一個負面的能量所在，它是中性的。當健康流暢時，就有活力十足的生命力。若是有過份自大所產生的陰暗面，就可視為這個脈輪失衡的能量。

第四脈輪：第四個脈輪在

脊柱的中央、心臟的後方。這個上升的能量，比起前面三個生存相關的脈輪又更細膩。在第二脈輪的能量，是比較屬於佔有慾與強制性的愛；在第四脈輪的愛，降低了自我為中心的能量，朝向關懷與同情的愛。這是接納他人純真無私愛的能量中心。在這個脈輪中，我們邁向一種合一的感覺，不但是我們的心靈與其他人的心靈合一，也與大自然以及本源合而為一。

當心靈的能量啟動，被排斥與困擾的思緒與感覺，就會開始褪去，隨之而來的是喜悅之情。這個脈輪的細膩程度因人而異，差異相當大，需要我們持續不斷地注意與修練。

第五脈輪： 第五個脈輪在喉嚨的中央，有時也被稱呼為「橋樑脈輪」。這是我們接受外界養份與智慧的入口處，同時也是我們溝通感覺和表達意見的管道。第五脈輪與第二脈輪產生的感情與創造力相關，而第五脈輪可以具體對外表達。顯而易見，我們也稱呼這個脈輪叫做溝通脈輪，它有接收與傳遞訊息的能量。而溝通的形式有很多種，例如：口語、音樂、繪畫，甚至肢體動作都能傳遞訊息。既然喉嚨是很窄的通道，比起第二和第三脈輪，第五脈輪就更加細膩和可被控制了。較底層的能量如何在心輪被洗煉，就會決定第五脈輪所產生的細膩程度。

第六脈輪： 第六個脈輪在兩道眉毛之間、前額中央的後方，通常被稱為「第三眼」。頭腦的左右半邊在這個脈輪匯合，是滋養結合我們直覺與邏輯智慧的能量中心。因為第六脈輪的整合能量，讓我們有能力回到觀察者的身份，感應到大故事，以及我們在宇宙中所扮演的角色。隨著身體能量的向上流動，我們的脈輪就越來越細膩。第六脈輪就如同一個光亮的接收器，我們可以稱作神祕，它引導並且連結到合一的第七脈輪。

第七脈輪： 第七個脈輪就在頭頂，有時被稱為「王冠脈輪」。在印度傳統意象中，被稱為「千瓣蓮花」，這是我們與宇宙成為一體經驗的蓮花。在這裡不再有二元對立與隔離，只存在平和的狀態，甚至當我們花一些時間在這個能量中呼吸，有時會出現狂喜的經驗。我們與宇宙在過去、現在和未來都是合一的。

出現在你無意識直覺的動物，可能會和以上所說的脈輪以及參考書籍有關。記得要信賴你自己的流程與內心智慧。每一個脈輪所浮現的象徵，都只針對你個人，是獨特且具特別意義的。

接下來，是視覺冥想的引導，你可以錄音給自己使用，或提供給你的團體使用。這段話類

似我在「心靈拼貼®介紹」CD 中的引導話語。

卡片名稱：第六個脈輪
套組：同伴卡
創作者：梅格・葛尼

「我是你內在的眼睛，可以看到你生命中無形
的、展開中的主題與模式。我指出方向時，請
跟隨我的引導。」

同伴能特的引導圖像

為自己準備一個視覺冥想儀式的空間，點支蠟燭、擺些鮮花、放點輕音樂。我們開始了……

讓你的「批評者能特」暫時離開一下，讓他／她去廚房喝杯茶，或是到外面去走一走。很好。

等你準備好時，請輕輕閉上眼睛，在下面的過程中都請輕輕閉著眼睛。現在，請你做三次深呼吸。每一次的深呼吸，讓你自己感覺到越來越輕鬆，慢慢進入放空的狀態。（停頓）

現在請你恢復正常的呼吸，再放鬆你的肩膀和全身，讓所有的僵硬和緊張漸漸鬆開，越來越輕鬆。慢慢吸氣、慢慢呼氣、慢慢放鬆，越來越慢、越來越放鬆。（停頓）

現在，請把注意力轉移到你的腳趾頭和腳的部位，感覺到他們是放鬆的……然後把注意力轉移到你的小腿和膝蓋，感覺到他們是放鬆的……然後，再把注意力轉移到你的大腿，感覺到他們是放鬆的。

現在，感覺到你的兩條腿越來越放鬆。（停頓）

接著，請把注意力轉移到你的臀部和你的後背，感覺到他們是放鬆的……再來，把注意力轉移到前方你的下腹部和你的胃部，感覺到他們是放鬆的。繼續慢慢呼吸，慢慢鬆開壓力。

現在，請把注意力轉移到你的胸部和後面的上背部，感

覺到他們是放鬆的，再來請將注意力轉移到你的肩膀⋯⋯感覺到你背負的重擔，在此時此刻全都拋開。慢慢吸氣、慢慢呼氣、慢慢放鬆。

現在開始專注在你的兩隻手臂，先從靠近肩膀的上手臂開始放鬆，再來是肘關節和下手臂的放鬆，最後來到你的雙手，鬆開壓力。慢慢吸氣、慢慢呼氣、慢慢放鬆。

現在，請把注意力轉移到你的脖子和臉部⋯⋯放鬆你嘴巴附近的小肌肉，放鬆你眼睛附近的小肌肉⋯⋯感覺一下你的頭皮肌肉，放鬆；感覺一下你的整個頭部後面，放鬆──全然地放鬆。讓呼吸流動在你的全身，身體感覺越來越輕鬆。現在你不用處理任何事情。只要注意你的呼吸、放鬆、保持清明與開放的心。

如果你感覺到身體的某個部分還是很緊張，就把注意力轉到這個地方，多停留一會兒，慢慢吸氣、慢慢呼氣、慢慢放鬆。（停頓）很好。

現在你已經進入你的內心深處，你的直覺可以認得的一個放鬆的地方，也是你的直覺喜歡的地方。你有智慧的內在自我，想要送給你一份特別的禮物⋯⋯只要你保持警醒與開放的心態，準備接受它。

現在請想像有一道溫暖、金黃色的能量，從你的頭部上方流動下來。這是一股金色光芒的能量，從你頭頂的第七脈輪，你的能量中心，注入到你的身體，由上而下，金色光芒

充滿了你的整個身體。想像你被包裹在一條溫暖的毛毯中，或是包裹在一個蠶繭當中，好好地安歇在裡面。

你在這個安全的地方好好休息，讓這個空間越來越寬廣，越來越遼闊，感覺到你是和天地萬物融合為一體。慢慢吸氣、慢慢呼氣、慢慢放鬆。（停頓）

現在這道金色光芒，從你的第七個脈輪來到你的第六脈輪，也就是你的第三眼。這裡是你的直覺和智慧的所在地。在這裡，你有可以看到過去與未來的靈視能力。可以看到很遠很遠的地方。現在，請透過呼吸，將這道金色光芒引進到第六個脈輪，感覺到這個地方是完全打開的。（停頓）

現在請讓這道金色光芒順著能量中心流入第五個脈輪，你的喉嚨。感覺到喉嚨的部分，接收了這道光芒的活力與溫暖，讓喉嚨充分打開。這裡有溝通你內心深處已知的能力，也有讓你選擇外界事物的能力，讓這些能力都為你所用。好好放鬆，透過呼吸把金色光芒流進喉嚨的能量中心。

現在請讓這道金色光芒順著能量中心流入第四個脈輪，你的心。感覺到你的心接收了光芒，把心打開。慢慢吸氣、慢慢呼氣、慢慢放鬆。感覺到你的心是無限遼闊地打開來。這裡是你同情心的所在地。心輪是你給予和接受深刻與永恆之愛的地方。透過呼吸把金色光芒帶進你的心輪。

現在，請讓這道金色光芒順著能量中心流入第三個脈輪，這是你的性格中心。感覺到一股力量和生命力，透過呼

吸將金色光芒盤旋引進第三個脈輪。這個脈輪的能力，在你需要的時候，可以幫助你設定並維護界限。當有必要的話，第三個脈輪會強而有力地回應與對抗。透過呼吸，將金色光芒深深地帶入第三個脈輪。

現在，請讓這道金色光芒順著能量中心流入第二個脈輪，這裡存放著你的創意、有活力的性慾，還有熱切的喜好與厭惡。這裡同時也存在有，來自於你祖先所遺傳給你的能量。盡量感受著第二脈輪自由流動的能量。透過呼吸將金色光芒流入第二個脈輪。

現在，請讓這道金色光芒順著能量中心流入第一個脈輪，這是你的海底輪。在這裡的能量和從土地傳上來的能量相匯合；交織混合在你的基礎能量中心。這是滿足你物質欲望的所在，是你在這個世界上生存與繁榮的能力。透過呼吸將這道金色光芒流動充滿，打開第一個脈輪。

想像著你從第一個脈輪沿著脊柱向上仰望，看著你所有的脈輪在發光、打開。慢慢吸氣、慢慢呼氣、慢慢放鬆。（停頓）

現在，請你乘著這道向上的能量，直到你來到了 ____ 脈輪（寫下你這次想要選擇的脈輪，除非你想要從頭探索第一個脈輪）。 就停留在這裡，進入這個能量中心，然後在這裡多停留一會兒，四處張望一下，仔細看看，周圍的風景像是什麼樣子……呼吸……等待……（停頓）

現在，讓出現在這個脈輪的動物或是生物為你顯現。保持警醒、看一看、聽一聽。你可能看到牠或是聽到牠，或是你感覺到牠的存在。（停頓）

讓你對這個動物的感覺，越來越清楚、越來越清楚。（停頓）

如果並沒有動物出現，就保持開放的心，等候並觀察著。如果有好幾個動物同時出現，就讓牠們一一展現，直到其中一個主要的動物出現。這個動物會帶給你比較多的能量，即使牠是讓你驚訝的動物，也不是你曾經選擇過的動物。你要信賴自己過來找你的動物。（停頓）

如果你感應到或看到了這個動物，感覺還不錯的話，而這個動物也允許你這麼做，你就凝視著這個動物的眼睛，然後伸手去觸摸牠。啟動你所有的感官，聞一聞牠、摸摸牠、聽一聽牠、看看牠。（停頓）

現在你想像自己真的進入了這個動物的體內，然後透過牠的眼睛，回頭看著你自己。（停頓）你想像自己在這個動物裡開始活動…如果這隻動物奔跑，就跟著牠奔跑；如果這隻動物飛翔，就跟著牠飛翔；如果這隻動物爬行，就跟著牠爬行；如果這隻動物游水，就跟著牠游水；如果這隻動物走路，就跟著牠走路。讓你的身體每一個想像的細胞，深刻體驗這個動物的活動。（較長的停頓）

現在回到你自己的身體，再一次深深看著你的動物的眼

睛，問牠三個問題：

你想要給我什麼？（較長的停頓）

你想要從我身上獲得什麼？（較長的停頓）

你有什麼樣的象徵性禮物讓我可以記得你？（較長的停頓）

現在請花點時間，感謝在這個脈輪出現的動物。祝福牠也向牠要祝福。向牠道別，答應牠，你會為牠做一張心靈拼貼®圖卡來紀念牠。答應牠，你會再來看牠，你會培育牠的能量，並且使用牠的能量。

如果這次的冥想並沒有動物或生物出現，沒有關係。你可以選擇任何時間，再度拜訪這個脈輪。也許，這個生物還沒有準備好要現身。

現在，我們要花點時間，準備要回到清楚的意識。首先，來到第一個脈輪，你的根部，請讓這個脈輪好好的休息，讓第一個脈輪可以安全歸來；然後，來到第二個脈輪，你的創意所在，讓這個脈輪好好休息，讓第二個脈輪安全歸來。再來，到第三個脈輪，你的能量中心，讓它好好休息，讓第三個脈輪安全歸來；再來到第四個脈輪，同情的心，讓它好好休息，讓第四個脈輪安全歸來；再來到第五個脈輪，你的喉嚨，是你溝通能力的所在，讓它好好休息，讓第五個脈輪安全歸來。接著，來到第六個脈輪，你的直覺和智慧、有靈視能力的所在，讓它好好休息，讓第六個脈輪安全歸來。最後，

花點時間在你的第七個脈輪，去感受與宇宙合一的感覺，用呼吸去深刻地感受它。最後，讓這個王冠脈輪好好休息，讓第七個脈輪安全歸來。

慢慢地慢慢地，回到你的平常意識，伸展一下你的手臂和雙腿，打開眼睛四處看一看。給自己多一點時間，回到原先的你。感受一下周遭的能量，以及看看在你身邊的事物。

做完視覺冥想之後，最好能夠記錄下來這次經歷所發生的事項，特別是如果你已經有接收到問題的答覆。如果你是和團體一起做這個流程，彼此可以分享經驗，報告出現哪些動物？你所經歷的感覺？以及接收到什麼樣的回答？如果是人數比較少的團體，可以讓所有的人一起分享。如果人數比較多，或有時間限制，則可以分組配對分享。

現在，你可以叫回你的「批評者」，它剛剛去喝了杯茶，享受了一段美好時光。希望它不會在你這次冥想的經驗當中，用它覺得應該發生什麼事，或是不該發生什麼事的認知打擾你。

> 將看到的寫下來，或是如果你是和團體一起做這個活動，彼此可以分享經驗，報告出現了哪些動物？你所經歷的感覺？以及接收到什麼樣的回答？

CHAPTER 8

引導卡套組

原型向度

心靈拼貼®圖卡套組中，第四套卡片是引導卡。這套卡組的原型，活躍引導你獨特靈魂的行為舉止。在四套卡片套組當中，引導卡套組是最神祕的一個套組。通常會是一些充滿活力能特的強勁圖片，吸引你選擇它們來拼貼圖卡。但稍後，這些圖片卻抗拒被命名，或是被給予文字描述。它們似乎不滿足於放在一張圖卡上，而是還有許多想要表達的面貌。如果這個原型在你的生活故事當中，佔據重要的部分，它的能量時有起伏，或有陰影或具平衡，這種情況就會尤其顯現出來。像是有磁力般的原型能量，會拉引你超越你個人的小故事，迎向世界的大故事。因此，你可以料想到，比起其他心靈拼貼®的圖卡，你所創作的原型圖

卡片名稱：愚人
套組：引導卡
創作者：米麗 · 笛拉德

「我用孩子般的熱情與信心躍入生活。」

卡會帶給你更廣闊與引人注目的神祕力量。當你創作圖卡的時候，這種超過個人生命的特質會讓你辨識出，這些圖卡屬於引導卡。同時，你也可以將他們與成員卡區分出來。通常，引導卡與成員卡的感覺很類似。這兩套卡組相似的感覺，是因為它們的個體能特經常是你原型的意願，或抗拒的載體。

在讀卡的時候抽到引導卡，你會抱持特別尊敬的態度。同時，再一次用開放的心態去迎接出現的驚奇。相較於其他套組圖卡的能特，引導卡中的能特更能帶來改造的力量。通常，引導卡的能特會以心靈的幽微語言來表達，而不是用頭腦、自我，或是其他人的口吻來說話。不要期望這些能特是可以被預測或是合理的。

當你諮詢引導卡的時候，這些能特會提供線索，協助你去尋找你生命故事的根本模式：其中的潛能、情節變化、主要的方向。透過關注與練習，或許你能夠揣摩出，一些你的個人故事是如何與世界的大故事交織而成的。原型就是交織了所有神祕與大宇宙的故事，而我們的個體分別就是這個編織物上的一條線。

什麼是原型？

也許你會問：「到底什麼是原型？」這不是一個容易回答的問題。所有文字的定義都無法完全解釋出原型所代表的含意。原型就好比是能量的宇宙模式，穿越時空的在每個文化中都會出現，但是被賦予不同的名稱。原型是看不見的能量，直到個人或是社群的生命故事中有某種形式顯現；原型沒有聲音，直到顯現在夢境、詩詞、神話、音樂，或是透過無意識的直覺才會表達出來。原型是有著引人注目並且強大的超自然能量。在現代思想家中，榮格是早期重拾原型概念的一個代表人物，他提醒我們，原型在古代哲學中曾經佔有顯赫的地位。榮格有所遲疑地這樣定義著原型：原型的概念……意味著精神層面中，無所不在的、總是存在著具體的形式……除了我們個體的即時意識……還存在著第二種精神系統，是集體的、普遍的和無關個人的天性……榮格稱之為集體潛意識，並且相信集體潛意識有著許多的原型。

> 原型不僅是一種隱喻，而是有著圖像的隱喻，抓住我們並且指引著我們。

原型心理學大師詹姆士‧希爾曼（James Hillman）認為，原型是隱喻而不是具體事物，原型透過圖像最能被呈現。他說：「原型將我們丟入一種想像的交談方式。」原型不僅是一種隱喻，而是有著圖像的隱喻，抓住我們並且指引著我們。希爾曼在他的著作《藍火》（A Blue Fire）中提到：「原型有一個絕對必要的概念：原型的情緒、佔有慾、眩惑的意識，導致看不見原有的姿態……一種原型的最佳比喻就是一位神祇。宗教上有時會說，使用理智是很難感應到眾神，運用想像力與發自心靈的情感才容易感應到眾神（該書第 24 頁）。」

一與許多

如果心靈拼貼®中的引導卡包含了原型，而原型可以拿眾神做比喻，那麼這樣的說法如何對應一神論的宗教，如猶太教、基督教與伊斯蘭教呢？對這個問題有疑問的人，請讓我簡短說明如下：

我在定義的章節中曾經提到，但我在這裡會多說一些。在古埃及有一個名詞叫作「能特」，它原本的意思，是超越所有的造物之上，是沒有形式、玄妙的、寂靜無聲的。而另外一種對能特的解釋，認為原型的能特來自於本源，屬於宇宙的能量，呈現出許多不同的形式。在人類歷史上，有著許

多不同的名字。這些是人類所尊崇與敬畏的能特，被視為眾神、眾女神、天使或是魔鬼，幫助人類、指引人類，同時也常常挑戰人類。能特擁有超自然的強大能力，進駐它們所選擇的人類。這些原型能特如果失去平衡，可能會帶來陰影，變成過度激烈或糾纏，或在人類需要它的時候卻不見蹤影。

因此，我們明白，在古埃及文明的意識中，存在著許多原型的中間地帶，也存在更高的層次，是超乎所有事物與超越所有形式的一個本源。這裡再一次地呈現「一」與「許多」的弔詭。一個本源和從本源而來的許多神聖表現。

本源並不是一個特定的神祇，沒有性別、言語、情緒、個性與法則。然而，這樣看不見的東西，似乎在我們的世界中是存在的。因此在這本書中，我選擇稱它們為「原型」，這也是榮格用來描述它們的名稱。在許多世代，原型有著許多不同的名字：眾神與眾女神、天使與魔鬼、鬼魂或是神聖引導。當人們開始詢問有關生與死、過去與現在、對與錯的問題時，這些形式就會出現。對於這些世代渴求的直覺性解答，從不可考的年代起，就被哲學家、宗教思想家、先知、神祕主義者、詩人分別記錄下來。許多文明分別命名這些原型，當做眾神與眾女神崇拜著，各自有不同的屬性。當猶太人開始實施一神論的主張，接著認定一位主神的基督教與伊斯蘭教，許多的原型和眾神的屬性，全都歸於唯一的真神。祂是唯一的創世主、全能的國王、全知的智慧、審判者、懲

卡片名稱：亞伯特街上的夜間小孩
套組：成員卡
創作者：李‧波騰

「我站在社會的邊緣。」

罰者、戰士，同時也是寬恕者與仁慈者。這位神有性別，而許多眾女神的女性屬性，像是生育能力和敏銳的天性，並不屬於這位神的個性。同樣地，也不包括可能存在的陰影。

榮格是基督徒，也是一位心理醫師，並學習許多不同的文化。他引進所謂的「中間地帶」到西方思維，這裡具有多樣與強而有力，甚至像眾神與眾女神比喻般具有破壞性的原型。中間地帶介於人類所熟悉的具體事物，還有獨一無二、無形且沒有陰影的靈性或是本源的境界之間。

在心靈拼貼®當中，我們為超個人境界製作三張圖卡，

代表沒有形式的本源。而在引導圖卡套組中，每個人為中間地帶的多重原型製作圖卡。這些多重原型像是看不見的模式，在人類意識內貫穿歷史存在著。如同其他套組一樣，引導圖卡也會有陰影，能特也會失去平衡，只是範疇比較廣闊。我們探究歷史、探索夢境，放入熱情去發覺對我們個人故事所扮演的角色，或是我們的指導者、挑戰者。

選擇你的原型

哪些人該放入你的引導圖卡套組呢？因為這套卡組是屬於個人的套組，不是讓每個人使用的，所以你要做的圖卡，是順著心靈最強烈的反應，就是驅動並且引導你的原型。也許此刻你並不知道它們是誰，但你深層的靈魂會知道。請信賴你的直覺。

> 你要做的圖卡，是順著心靈最強烈的反應，就是驅動並且引導你的原型。

你可能被神性的戰士握住，或是感受到被聖母或者聖父的愛籠罩，或是被光的承載者教誨，或是被薩滿療癒者的醫術吸引，或是被朝聖者領導著一直在追尋真理。你可能是法律制定者的學生，或是一個想從暴怒的審判者手上逃脫的懺悔者。我會提供一份清單與更多的敘述，幫助你了解這些神祕的能特，同時幫助你認出選擇你的能特，它選擇充滿活力地棲息在你個人的靈魂當中。

我將提供給你的清單，對你的無意識只是一個提示，你

不必為所有的原型製作圖卡。某些特定能特會選擇某些特定靈魂，最有可能的，是選擇了特定靈魂的靈魂本質的編碼，所以你會發展屬於自己的行星體系。有些能特會進入你的生命，帶來一陣子的強烈能量和方向，然後就離去；但有些能特卻會在進駐後隨侍在側，一生相隨。許多能特是透過原生家庭、社群或宗教的影響，但總是有不受規範的原型，透過個人去破壞一個家庭，或是社群的固有模式。

既然這些原型的模式，無意識地持續在宇宙間流動，也同時在我們個人的心靈深層流動，人類的確無法覺知，是哪個能特與我們在一起。一開始，我們確實對於這些強力的能特無從選擇，而是能特選擇了我們。但一旦我們對於指引我們的能量有越來越清晰的認知，就能發展出一些意向，可以與這些能量協調並進，而非對抗這股能量。同時，在這股能量威脅要耗損我們心力的時候，可以找到平衡點。這就好像在浩大海洋中衝浪一般，保持平衡才能讓我們平安地駕馭海浪，同時也要有技巧，在大浪快要撞擊到岩石時，可以脫離這波浪潮。當我們越來越能覺知靈魂的編碼，就可以學習在迫切需要這個原型的時候，召喚它出來。這個原型彷彿在我們的靈魂深處，只是好似沉睡著。寬恕就是一個例子，或是勇氣、耐心。自覺性固然帶來某些程度的選擇，但還是有所限制，因為這些原型本

身有著強大的能量，有著自己的方向！

如果「偉大母親」這個原型選擇握住你的靈魂，你將被吸引去撫育並照顧幼小者，或者撫育任何需要被照顧的眾生。如果你的靈魂深處有強烈的「戰士」原型，就會驅使你熱情地想要保護人類與地球。當「創造者」認領了你，就會有顯化新形式的迫切感，一遍又一遍，直到放手。又或是「愚人」或「死神」進入了你的生命，打亂了原本你的成員能特所建構的故事，你沒有能力說「謝謝，我不需要」。換句話說，我們個人的能特無法命令引導的能特。但是，用我們的自覺力還是可以找到平衡的片刻。再一次地，就像是駕馭大浪的一個衝浪好手！

在你製作引導卡的圖卡時，針對你生命故事中認得出來的能特，使用圖像、命名、致敬，與諮詢這些原型。經常你會被吸引去選擇一些圖像，是代表更深層與捉摸不定的原型——這些原型居住在你意識的遠端。它們快速進出，邀請你或是挑戰你，有更多的自覺與它們相處。假設，你開始製作引導圖卡，也做好了幾張，有些原型會老是出現在你的生命，你會記起從幼年時期就影響到你的原型。有些原型似乎曾經在你生命的某個階段很活躍，但現在好像已經過去了。而其他的原型還是會抵達，指引你開啟生命的新樂章。

比起成員圖卡的圖像，會跳出來擄獲你的原型圖像更具神祕性。它們有著古老的印記與神話人物的普世價值，比起

卡片名稱：仙女皇后信使
套組：引導卡
創作者：溫蒂．葛蕾絲

「我以大自然的元素出現，告訴你所有自然界都是敏銳的。我來宣告這個自然王國的奇妙力量，幫助你將這股創造力帶入你的生命。」

其他套組，是難以定義的能特。通常，這些看不見的形式，會出現不尋常圖像的隱喻。

當你收集圖像或是拼貼這些圖像時，你大概還不清楚圖像所代表的人事物，可以不要命名，暫時先放在一邊。也許你會猜想某個圖像是引導能特，對你的生命有很大的激勵，但還不清楚它的名字。這時，就向未知致敬，不要強迫這個能特太早現身定型，就讓它的意義慢慢醞釀、變化、展開。

卡片名稱：魔法
套組：引導卡
創作者：可琳 · 貝尼利

「我滋養生命的魔法。」

原型的部分清單

我先提供一份清單，主要是幫助你開始思考原型的術語。接著我會將幾個原型做深入的探討。

偉大母親	模式管理者
慈父	爐火看管者
法律制定者／審判者	光的承載者
愚人	水瓶座
智慧老女人／老人	大地之母／蓋婭
神的孩子	英雄／女英雄
創造者	阿尼瑪／阿尼瑪斯
戰士	性愛／純愛
女巫	權柄
夢想家	貪婪
療癒者	死神
朝聖者	哀慟
尋覓者	必需品
教師／大師	耐性
救世主	寬恕
死而復生的降臨者	同情
酋長	感激

以上這些原型以及其他更多普世原型，都是被歷代文化與宗教所認知，並且賦予名字的。有些原型可以遵從古代神話而命名，例如：赫斯提亞或是潘妮洛普——代表爐火的看管者；丘比特或是阿佛洛狄特——代表性愛；觀音或是聖母瑪莉亞——代表慈悲；伊南娜或是基督——代表從天而降又歸於天。你也可以遵從你的文化或是信仰來命名，像基督救世主、偉大的聖母瑪莉亞、菩薩導師、濕婆毀滅者等等。塔羅牌當中的大阿爾克納會建議原型的名字，如皇后、教宗和魔法師。也可以使用普通的名字，例如：哀慟、寬恕、或是感激，甚至自己幫它們取名字。然而，將你的引導原型個性化，賦予它一個神祕人物的形式與名字，可以幫助你找到符合你個性的能量，感受到它超自然的部分，接受它的力量指引你。比起沒有生物形式拼貼成的圖卡，這樣做比較容易運用直覺與能特的圖像互動。再加上，通常神話故事中所命名的人物，會幫助到你個人故事的生命模式。

我會將心靈拼貼®套組所經常發現的幾個引導原型，在接下來的幾個段落說明。

卡片名稱：同情的天使
套組：引導卡
創作者：拉倫 · 李奧納

「我說：心靈的循環就是去愛、失去，再冒險去愛。」

偉大母親

這可能是最古老的原型，在古代農業文化裡不斷出現。她具有繁殖力，並控制自然週期，包括控制人類身體的循環；她看管年幼者以及需要她的人：充滿耐性但有時很凶悍；她為了孩子，甚至可以犧牲自己的福祉。她的愛是絕對沒有條件的。古埃及記載，賽克邁特女神是一位凶暴與火熱的母親，是埃及眾神當中最有力量的女神。瑪莉亞，基督教的瑪丹娜，

也是這個原型的一個代表，聖母瑪莉亞在許多國家深受敬愛與崇拜。對於某些基督徒而言，聖母瑪莉亞是他們生命中顯現最強大的原型代表。瑪莉亞是安慰、寬恕與同情的象徵。坊間可以找到許多瑪莉亞的圖片，她的圖卡也經常出現在心靈拼貼®套組中。

「偉大母親」在不同的世代有許多其他名稱：狄蜜特、伊西斯、觀音、帕爾瓦蒂等等。「偉大母親」穿越世代，對於每個文化的男女有著重大的影響。有時候，她有令人害怕的憤怒，就像暴怒時的賽克邁特（恐怖的母親），但絕大多數時間，她豐厚四溢，是養育者，是生命的給予者。

歷史告訴我們，男性「戰士」的原型經常造訪「偉大母親」的和平與豐沃草原，帶來一夥牧民與獵人征服這塊土地與她的擁護者。這些侵入者一再打壓「偉大母親」，以及其他女性的原型，或是將她們重新塑造成男神的配偶或女兒。擁有強大力量的女神雅典娜，就是一個例子，她被後代傳說是從宙斯的頭腦裡蹦出來的，因此成為宙斯的女兒。莉莉斯是神話中亞當的第一位妻子，她狂野、充滿性慾且獨立，但她並沒有被列入正統的學說，反而被塑形成夏娃的原型，比較像是妻子與母親的角色。

一位在華盛頓州的心靈拼貼®指導員，蘇斯卡 · 戴維斯製作了一大套的心靈拼貼®圖卡。她寫了一段她去以色列旅行的經驗如下：

> 像是有磁力般的原型能量，會拉引你超越你個人的小故事，將你個人的故事編織進世界的大故事。

為了輕簡旅行，我只打包了幾張心靈拼貼®圖卡帶去以色列。圖卡大多數是母親的圖像。這趟旅程有著締結和平的使命，行程很緊湊。在目睹以色列人和巴勒斯坦人之間的嚴峻衝突之外，我們走訪了幾處聖地。我感覺自己被拉進不同年代的歷史糾結，「偉大母親」以她美麗與怒氣等候著我。她讓我知道她的愛，還有對於這樣的衝突並不高興。最後，她協助我找到了一個象徵個人重生的圖卡，讓我擁有和平的感受。我對這深度的療癒感到平和喜悅。也許我們應該與這塊分裂土地的人們共享這樣的感受。

女巫

因為對於這個原型有不良的輿論，需要解釋一番。「女巫」來自於巫術這個字，代表智慧的意思。通常是女性的原型，她是地球的情人與保護者；她是所有誕生者的助產士，也是不帶憂傷的死亡；她安逸地穿越地獄的黑暗，玩味著在地獄裡發現的神祕與力量；她懂得療癒藥草的知識，也懂得如何種植與管理這些藥草；她的智慧包含了魔法、儀典、健康以及身體的安適。她主要以她的知識，使地球上的生物受益，包括她特別珍愛的動物。對於血液、嘔吐或糞便，她不會有反感，因為這些都是自然的一部分。她擁有深度的智慧，了解地球週期，也有高度的活力與爆發力保護地球，免於地球被濫用和輕忽。

卡片名稱：蜘蛛女
套組：引導卡
創作者：拉倫 · 李奧納

「我編織了生命之網。」

由於她與生俱來的力量、和黑暗的連結、她的兇猛以及女性身分，相較於有身體的、大地的與黑暗智慧的男性來說，女巫的原型更使那些擁有心靈、光與靈性智慧的男人感到恐懼。歷史上有幾次迫害女巫原型的例子，其中有一次在中世紀，由基督教會的男性領導人帶頭。女巫仍然因為多重信仰，而被基本教義主義者迫害。受到這個原型影響的女性，無法相容於任何教會的教規。這些女性的行為在嚴格聖經規範之外，所以凡是接觸女巫能量的女性都會被視為是邪惡的，並且與地獄的惡魔有所關連。許多女性因此被處死。有些地方現在還是如此。

因為被迫害，女巫的原型轉為地下化。上一個世紀到現代，她又以可辨識的形式出現。她再次被賦予名字，她的能量發生在許多女性和一些男性身上——是珍愛地球的人士，喜愛地球的野性以及特殊的禮物。男性原型會密切連結到天空與聖靈，而女巫的兇猛、黑暗、女性能量揚起則平衡男性原型的光與智慧。。

創造者

這個原型很容易和本源混淆，本源是「一」，萬事萬物的根本。本源沒有形式，而是所有形式的來源。在我們的想像中，有一個形式創造了宇宙萬物。人類總是尊崇這個原型，因此在大多數的宗教中有一個「創造者」的原型。有些文化認為創造者是男性；有些想像是女性。甚至，有些認為創造者是動物。不論認為是誰，他們創造者的能量都是顯化的。創世紀的男性創造者開口說話，宇宙就從虛空中形成了；女性創造者的原型是由自己的身體所創造出來的，她們誕生了宇宙。有些文化中的神話，認為創造者是一個動物，牠抖落身體上的一部分，因此形成了宇宙。

「創造者」的主要屬性就是行動，他／她創造又創造、一而再地創造。而每一次的創造，他／她都放手讓那些造物自由發展。創造者從來不考慮，或是擔心或是要求償還。他們無法停止創造。有些人類（藝術家、音樂家、舞蹈家、裝飾家、作家等等）都具有「創造者」原型的能量，經常是從他們的幼年時代就開始，也花了許多時間在創作。好像他們生命的連結，就是用一種新的形態顯化他們的想法與感覺，讓其他人看得見、聽得到、感受並經歷到。當這些藝術家被認為在行銷他們的創作品，或是緊握住作品深怕別人複製或偷竊，這就是這個原型出現陰影的跡象，或是這些人的自我能特在運作，以致於投射了陰影到創作者的能量。

戰士

每個文化都可以看得到另一個普遍的原型——被尊崇又敬畏的「戰士」。戰士能量的本質是「熾熱的保護」。每個部落都應該要有戰士，他們保護著部落，特別保護女人與小

孩，因為他們代表了部落的未來。然而，戰士的原型可能因為過度的暴力、過當的侵略行為，出現了陰影或負面形象。當戰士原型抓住某人，可能是女人或男人是有原因的。戰士對於危險會保持警覺，特別是危險接近了孩童、窮人、大地、動物、環境的時候，戰士會上前去阻止破壞者。你可以想像成，是一個男人在抵抗入侵者來捍衛妻子和家人，或一位老師在內城的學校冒著生命危險保護著學童，又或一艘船冒著驚濤駭浪去阻止捕鯨者的殺掠。你可以有許多的想像……用你感到最有熱情的正義感，去填入這個想像。社會運動活躍者就是一群有著戰士原型的人們，而自殺炸彈客也是如此。有人同意或有人不同意這些人的信奉緣故，但不可否認的，是戰士所注入的活力與熱情，與他們所宣稱的信奉息息相關。戰士原型無可避免地也有陰影的存在。當我們覺察並且卻步時，會認得出戰士的誇大。先是我們個人的自我覺知，然後輪到世界領導者的覺知。

受傷的醫者／光之承載者／薩滿

這三種原型並不是完全相同的，但他們有相互重疊，就如同原型原本就互有重疊一樣。這三種原型都帶領著靈魂在世間穿梭旅行。雖然這些人可能在這個世界上，腳踏實地地擔任療癒者和老師，但同時他們也會遠遠超越本身去旅遊在外，處理困難的探索。他們會超越正常和合理化的世界去找到「光」，不論它是一種治療、一種智慧、或是其他不可能的夢境，然後他們會把光帶回這個世界加惠他人。有一種身體姿勢具有象徵的意義，就是一隻手向天空伸展，另一隻手向下碰觸土地。這三者原型也是夢想者與務實者，而且有時在他們的旅程當中也會受傷。

耶穌，在世時是一個人類，兼具有這三種原型。首先，他是一位受傷的醫者，當他自己受傷，甚至瀕臨死亡的時候，他都在治療別人。其次，他是一位光之承載者，帶給人類嶄新與特別的教導，把光帶給走進黑暗裡的人們。最後，他被視為是薩滿，可以安全穿梭在不同的世間，面臨死亡甚至下到地獄後起死回生，給世界帶來希望。

對於神話世界而言，在不同世間旅行是一個經常重複的主題。奧菲斯是神話人物，他為了愛而旅行到地獄，再將智慧帶回地球幫助他人。但是，他卻永遠無法治療自己的創傷。普羅米修斯是半神半人，一個光之承載者，他從奧林匹克眾神處偷取了火帶回地球，人類才不至滅亡。因為這個舉動，他受到憤怒的宙斯嚴重傷害。一位女神伊南娜，是古代蘇美爾神話中的天后，同樣離開天庭，降落穿越七道門來到地獄，

> 在不同世間旅行，對於神話世界而言，是一個經常重複的主題。

卡片名稱：慶典

套組：引導卡

創作者：琪拉 · 瓊斯

「慶典是我的名字。我將喜悅釋放給世人欣賞與感受。」

最終被殺害。三日之後她被拯救，從死亡中復生崛起，回到天堂。因為這趟旅程，她得到更多的智慧與力量去掌管天庭。世界文化當中有許多其他的神話與故事，顯示持續出現的這三種強大力量的原型。

我們之中，有許多人是教師、治療師、醫師、護理師、臨終關懷工作者等等，或多或少都有被這三種其一或全部的原型所捉握著。我們了解這三種原型，也認識它們許久，只是我們忘了，這些原型的能量激勵了我們的生活選項，輕巧地將我們個人的故事編織到更大的故事當中。我們被這些原型牽引著，朝向並顯化著靈魂本質，那是我們靈魂深處的個人編碼。

水瓶座

我將簡短談論水瓶座原型，因為她對於我個人有著特別的力量，是我的引導以及盟友。如果你想要了解更複雜的部分，請到心靈拼貼®的官網：www.soulcollage.com 查詢，我寫過一篇有關水瓶座以及圖卡展覽的文章，是我們幾個人所拼貼成的圖卡向這個特別的原型致敬，並且寫下有關她的種種教導。許多人，特別是女性，因為受到水瓶座的啟發，也提供她們所製作的圖卡一起展覽。我用女性的她，是因為我相信這個原型是新時代另一個崛起的女性原型，她的崛起是為了平衡像光之承載者和戰士的強烈男性原型。水瓶座是寶瓶

時代的標誌，雖然水瓶座被描繪成男性，但我相信這是不正確的。畢竟，幾世紀以來，在許多文化當中，哪個性別的人是水的主要運送者？這個原型的能量比起天更靠近地，同時她帶水給乾渴的土地和人。這個原型是來守衛保護地球的水資源，不論是實體的水或是心靈的水，生物可以因此而存活。她對於水有極高的熱情！在某種意義上，她是女版的普羅米修斯，只是她所攜帶的是水，而不是火。數千年以來，光之承載者原型從天而降，在全球的文化裡赫赫有名，也許過於強大以致產生陰影。地球受了過多的熱將要乾枯，可能人類的心靈裡也有太多的光，反而與心靈的水沒有保持平衡。地球上的水是嚴重被威脅著。水瓶座，視為一種女性的原型，帶來的水是同情的、良好關係的，是關愛所有乾涸生命的水。有時，水瓶座為了保護地球上的河流與海洋會和戰士並肩作戰。世紀以來，有一位女神名叫觀音，體現了這個原型，經常展現她將手中握住的瓶子倒出水來的形像。

女野人／男野人

這是在二十世紀後期重新出現的兩種原型。就像女巫一樣，因為科學與宗教的緣故，他們被迫埋藏在地底下一段日子。他們主要的能量是對於自由的堅持，以及天賦的健全。女野人與男野人堅信，他們已經是完整健全的，不需要另一個人類使他們完整。他們可能會說有個伴侶很好，但對於他

們的幸福未必是必要的。比起其他的原型，這兩個原型更原始與更具本能。當這個能量捉住一個人的時候，會賜給他狂野喜悅的經驗，或在大自然中、舞蹈中或自由自在的旅行裡得到，他們不需要許多的物質。

克萊麗莎·平蔻拉·埃思戴絲在她的書《與狼同奔的女人》中，描述女野人的原型；羅伯特·布萊（Robert Bly）在他的著作《鐵約翰》（Iron John）描述了男野人。在希臘神話中的處子女神阿蒂蜜斯也是一個例子。杜撰的莉莉斯又是另一個例子。

卡片名稱：生命力
套組：引導卡
創作者：米萊恩·葛伯格

「我是生命力，舞動著，甚至在靜止之中。」

注意愚人的來到，把你耍得團團轉。他的目的通常是要喚醒一個靈魂。

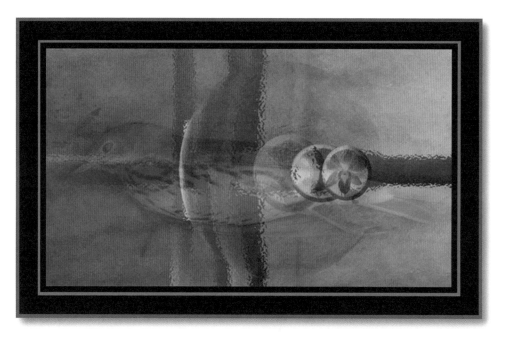

卡片名稱：超越死亡
套組：引導卡
創作者：李‧波騰

「我是麻雀，提醒你關於死亡。當它來臨的時候（即使是對最小的生物），也會給你一個機會，超越你在世間的狀態。」

愚人

　　我特別推薦大家製作一張引導圖卡來向「愚人」原型致敬，因為過去和未來，他會不請自來地進入你的生活。通常，他的目的是想要喚醒一個靈魂，而且你會感覺到他是一個干擾者，像是：魔術師、弄臣、郊狼、蘇族的部落小丑等等，都是愚人原型的版本。他會上下翻轉我們的生活，會讓我們感到沮喪與困惑。大多數在成員套組的成員，當他們忙著專案與計劃的時候，不想要被打擾。當我們太過確信、太驕傲、

自大時，特別是在我們離開了應有的編碼，也是變得懶惰的時候，愚人就會擊穿我們的自滿。在歷史文化中，這個原型通常被想像成男性，就好比女巫被想像成女性一樣。然而，也可能有女性的愚人，她捉住人們，想要喚醒他們，所以你可以自由想像愚人的性別，就看誰最適合扮演你的干擾者。

　　愚人被聯想成男性的另一個原因是，他與靈魂有關。有說法認為，愚人原型是從上而來進入我們的生活。他降下來捉住我們，就是為了跳一回他的特別舞蹈。他永遠無法被預測，還帶著狡點的幽默，意味著「別把自己弄得這麼嚴肅！」通常愚人會很快地進入一個人的生活，卻也很快地退出。打個比方，當我們覺得遭受慘重的失敗，正奇怪到底是什麼事打擊了我們，為什麼會被打擊？稍後回頭檢視，發現看起來像是災難的事，反而給了我們需要的禮物，或是改變了我們的方向。然後，如果我們夠清醒，會感謝這樣的挫敗。所以，注意愚人的來到，把你要得團團轉。尋找他的真理。記住，在國王的法庭裡，只有弄臣可以告訴國王實話而（通常）不會受到處罰。在蘇族部落中，也只有小丑可以跟酋長開玩笑。愚人是站在你同一邊的，所以為他做一張心靈圖卡，同時也學習當他來到你的生活，

你能認出他，與他一起共舞一起歡笑。忽略他是一個很危險的錯誤。

死神

如果你還沒有認知「死神」的原型，並且為它做一張圖卡，你的引導圖卡套組就不算完整。死神的主要能量是轉型。就像愚人一樣，死神也是一個干擾者，但他不像愚人有點幽默感。從死神中所經歷的失去和改變，會比起愚人來得更劇烈。尤其是，如果你曾經直接或間接經驗到死神，也有一些是轉型的死亡，不是肉體的死亡，而是像夢境、關係、工作或是其他事物的結束。

當讀卡的時候抽到這張圖卡，它的能量是與繼續向前有關，或是拋掉過往，抑或有所改變。你為這張卡所選擇的圖像會反應你對這個原型的深層感受，可能是良性，也可能是惡性；可能是短暫，也可能是個終局。

蒐集你的圖片

當你蒐集引導圖卡圖像的時候，讓直覺去瀏覽，而不要用腦袋分析。翻閱雜誌或是翻看一堆撕下來的圖片，讓你較少的意識的靈魂，去找到最有力量、超自然與神祕的圖像。對於召喚你的圖像，你邏輯的腦袋似乎覺得好奇與陌生。你可能會很奇怪，「為什麼我會這麼喜歡或是害怕這張圖片？」

先不要想弄清楚，就挑選這張圖像。然後，修剪好這張圖像，配上一張新的背景圖片，貼在圖卡上，再去認知它召喚你的理由。好像做夢般製作這張圖卡。一張圖卡不需要許多複雜的圖片，也不要講究美學。製作引導圖卡越簡單越有力量，製作其他圖卡也是如此。

卡片名稱：死神
套組：引導卡
創作者：瑪麗亞博娜 · 西拉貝拉

「我正向上漂浮，潛入光亮。」

稍後等你讀卡或是記錄的時候，就可以開始去觀察這是什麼能特？同時也能夠為它命名。當然，也有可能在你一看到這張圖片的時候，就直覺地認出了它的能特。它可能捉住你，大聲地在你內在的耳邊叫出名字！對於創意的製作過程，怎麼做都是可以的。

一個原型可以不只一張圖卡嗎？

讓我再次強調，這是一套個人的圖卡套組，你不需要為可以說出來的原型都製作一張圖卡。只要專注在你生命故事中強烈流動的能量，或者是那些好像睡著而你想要重新從你的靈魂喚起的能量。

舉個後者的例子，就是感激。在所有的生命故事當中，這個重要能量都有所變革，因此如果它睡著了，最好能夠喚醒它，為它單獨製做一張圖卡。感激的能量就可使用你在成員圖卡中的「感恩的自我」，當做它的門徒或是使者。

你的引導圖卡套組可能包含兩個或更多的重要原型，讓你充滿活力，並且指引你的生活。這些重要原型經常會有不同面貌，你可能想要為每一個面貌分別各做一張圖卡。舉例來說，有一位傑出的風格保存者，她有三個不同的圖像在三張圖卡上：很會跳舞的風格、很會烹飪的風格、很會排序整理的風格。這三張圖卡分別反應了特別吸引她的原型，握住她並且導引她靈魂的面貌。另外有一個人，有一張圖卡是女性創造者；還有一張是男性創造者。可能有一張凶猛的戰士圖卡，同時也存在一張溫柔的戰士圖卡。在我的引導圖卡套組中，我有一張老愚人的圖卡、一張跳舞的愚人圖卡、還有一張女愚人的圖卡。我

很珍惜這三張圖卡，每一張都以不同的方式打擾著我。當我抽出老愚人的圖卡時，通常是告訴我老化的各種驚奇；跳舞的愚人圖卡比較有活力，要求我加入跳舞的行列，不要只是在場邊觀看，有時候這張圖卡還堅持到有些煩人的地步！女愚人比較溫和些，與大自然以及情緒有相關。

當你的套組裡有一些圖卡，就可以準備開始讀卡，你可以自己讀卡，但希望你能夠參加小組讀卡。這時，圖卡所隱藏的訊息就會冒出來，令你驚訝。引導能特有個中央能量會維持不變，就像創造者的能特總是明顯的。然而，他們每一次的回答都不同，可你總會聽到必須聽到的答案，就好像拿著萬花筒，對著光線照過去看，筒裡充滿了生命之中的點點滴滴。每當你觀看萬花筒時，特殊的圖型就水到渠成地出現了，你可以看到你個人故事有如萬花筒變化般的美麗。

有一首詩的最後幾行，無疑描寫了關於將你故事的核心原型帶進意識的情況。這是 D.H. 勞倫斯（D. H. Lawrence）所寫的詩，詩名叫做〈經過的男人之歌〉（*Song of a Man Who Has Come Through*）。

怎麼有敲門聲？
怎麼在夜裡敲門？
有人想要傷害我們。
不、不，是三個陌生的天使。
接待他們。接待他們。

能特的陰影面

在前面幾章，我經常提到各種能特的陰影面，同時在定義的段落裡，提供了一個初步的描述。現在，我將更詳細地討論，這個重要的主題。如果我們要成為有覺知的個體，當負面與消極蔓延進我們的生活，影響到這個世界時，我們必須不能眨眼地盯著這個負面因素。的確，自古以來，哲學家與神學家都不斷在思考這個問題，所有的哲理都環繞著邪惡的問題打轉。還有，為什麼邪惡會存在並且那麼固執？心靈拼貼®用靈性與心理學的綜合觀點，提供一些看待負面的觀點。

每個形式都有陰影

首先，我們的靈性了解：在心靈拼貼®流

卡片名稱：復原的自我
套組：成員卡
創作者：潘 · 芮能

「我克服了毀滅性的恐懼和被拒絕。」

程中，我們說，不論看得見或看不見，有能量的與物質的，每一個形式的存在都是顯化了一個神祕與沒有形式的本源，也因為它的來源，每個形式都是神聖的。這樣的說法包括了引導卡原型的形式，以及其他三套卡組的所有能特。每個能特都有它自己獨特的形式；有些存在於人類和宇宙覺知中看不見的中間境界；其他存在於看得見的物質境界。因為，這些所有的形式和能特，都是來自於同一個本源，所以互有關聯。同時，所有的形式與能特，只要它們是個體形式，就會部分地脫離本源，**擁有潛能和自由來失去平衡**。人類在這個問題上比起其他形式，似乎擁有更多的自由，但這並不表示人類一定會失衡，而是說人類容易變得失去

卡片名稱：另外一面
套組：引導卡
創作者：拉倫 · 李奧納

「我出沒在你的心裡和腦袋中，問著一個無法回答的問題：『它們去哪裡了？』」

因為不平衡的強度而持續轉移擺動。因此，好與壞可看成是失去平衡或得到平衡。這種思維的中心，是以心靈為認知，所有的形式都是從「一」的本源而來，是神聖的，並且都有潛能達到平衡，讓它們能夠履行必要的印記設計。

陰影失去平衡：太多或太少

　　從心理學來看，心靈拼貼®符合榮格與他的信徒詹姆士 · 希爾曼的觀點。榮格稱呼形式的不健康是「陰影」。他從病患身上了解，人類精神狀況失去平衡的能量，也是有活力與熱情的能量。這個能量，是來自於我們原始與本能的天性，抗拒著社會壓抑，通常會變成誇大和自我為中心的能量，但也可能是有

平衡。當人類確實失衡時，就會導致個人、社群，甚至整個地球都會生病。失去平衡會產生負面，越不平衡就越容易產生負面。這種認知和二元論大不相同。二元論是將善良與邪惡劃分為二，看待這兩者之間是有極大的爭戰，兩邊的形式是壁壘分明。比起每個信仰的神祕主義傳統看法，心靈拼貼®更多是看待每個形式是正面與負面的混合體，這個混合體會

強烈的創造力。榮格說，這種能量有「黃金寶藏」在內，因為它充滿了原始的生命力。但如果這種能量用不平衡的方式表達，會傷己也傷人，特別是在恐怖的不平衡狀況，例如：仇恨、貪婪、暴力和反彈的恐懼。大多數的人會努力阻止他們的外顯行為有陰影的表現。被我們壓抑的這股推力，會進入無意識的黑暗裡。我們「忘記」了它還是躲藏在某處，只

是拒絕去檢視它。因為，這對我們的道德價值觀來說，是不文明且相互對立的。如果它出現，我們會否定它。我們無意識地驅趕這種壓抑的陰影，產生一種批評他人過錯的行為。在心理學的行話叫做「投射」。

因此，總結這個基本定位，**心靈拼貼®認為，陰影是一種失去平衡的、有活力的、原始能量。** 這個能量會被誇大並且失衡，或當你需要它時，它卻缺席。又或，這個能量太多或太少。你在這個世界所看到的，或是於你之中的「邪惡」，倘若這樣的描述太過溫和，請讓我強調，每個能特的陰影都可能變成極大或是致命的不平衡。但它的致命多半是來自於沒有去認知與檢視它的天性。只要我們拒絕認知陰影，就會被它的力量所掌控。

> 只要我們拒絕認知陰影，就會被它的力量掌控。

我們處理陰影的責任

那麼，我們個人的責任應該如何處理自己的陰影呢？

1. 首先，我們必須認知，陰影有潛能地或真正地存在於我們的每一個能特裡。我們可以負起這個責任，在心靈拼貼®圖卡套組裡給予陰影名稱，並且找到屬於它們的圖像。當我們讓意識的光芒照亮在陰影時，握住我們靈魂的陰影就會開始鬆手；我們和陰影的對話越多，它就越會鬆開。

2. 其次，我們可以深入探討這些能特，它們可以是一種有活力的黃金脈礦。我們可以傾聽陰影的歷史，當它們表現出陰影的狀態，聽聽看它們的內心深處想要些什麼？它們在害怕什麼？它們想要嘗試做些什麼？它們強大的能量可以放到別處有更好的用途嗎？

3. 第三點，為了全我和我們身邊的人，像是家人與社群朋友，以及全世界，陰影都應該被帶回平衡的狀態。就像對待一個失去控制的孩子，我們必須擁抱他、給予規範、重新引導他回到正確的方向。

這種互為關係處理陰影的方式，是心靈拼貼®的重心。即使有任何一個我拒絕面對與處理的個人能特，都會影響到整個創造物的平衡。我們是如此的有關聯，彼此互相交織著。

總之，我們必須關切能特的陰影面。陰影並不會因為我們的忽略而自動消失。它會強忍負面和失衡的能量，找到新的方式爆發來表達自己。在你成員中的觀察者能特，有責任拿著手電筒，降落到你不太顯露意識的黑暗中，找到住在那裡、被壓抑住有著陰影的能特。心靈拼貼®就是一種工具。

詩人魯米（Rumi）在作品〈客棧〉（*The Guest House*）中寫的最後幾行：

> 陰暗的念頭、羞恥、怨恨，

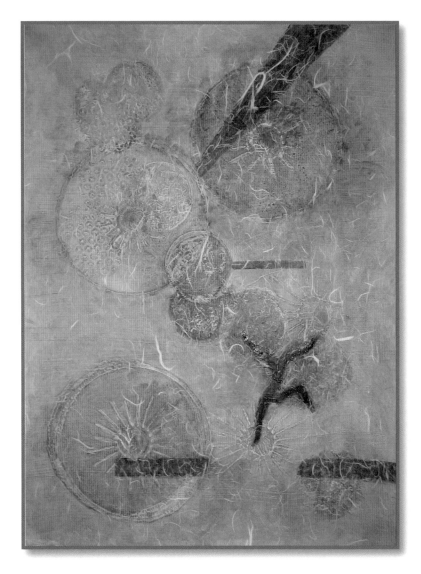

卡片名稱：旅程
套組：成員卡
創作者：卡蘿 · 麥克納密

「我獲得了自由並且擁抱了旅程。」

在門口笑臉相迎，

邀請他們進來。

不論誰來都要心存感謝，

因為每個人都是送來，

一個微妙的指引。

為你的保護者能特製作一張卡

　　經過幾年探索陰影工作坊的經驗，我們發現，擁有一張「保護者」的心靈拼貼®圖卡是很有價值的。在我們復原的旅程中，可以把它當做支持我們的盟友。只要它能為你守住保護者的能量，就可以是成員圖卡的一份子，被你指派成「保護自我」，或是指派它像「戰士」一般引導能特，也可以是其中的一個同伴動物，或是社群的能特。在我主持陰影主題工作坊的一開始，會讓新來賓挑選一張強烈的圖像，當做他們的保護者，然後用這個圖像製作一張圖卡。原本已經有一些圖卡的參與者可以從他們的圖卡當中，選出一張有這種能力的圖卡。我們先跟這些圖卡連結，感受到保護者強烈的能力，並且內化它們。接著，使用觀察者圖卡，帶著我們開始進入無意識的狀態。如果人們遇到有陰影的能特，保護者能特就會過濾強烈與負面的能量，不至於被壓倒。這樣做的效果是相當驚人的。與陰影相逢時，保護者的圖像有著強大的指引和支持，在心靈拼貼®其他圖卡上也有如此作用。

避免緩和有陰影的圖卡

有些人選擇在有陰影的心靈拼貼®圖卡上，增加一些「光明的圖像」或「正面」的能量，也許在圖卡的角落上增加一小塊保護。我會建議你避免這樣做，只要使用「保護者」圖卡就足夠了。最好能讓有陰影的能特擁有自己的圖卡，可以充分表達它的負面能量而不受到責難。即使負能量再不舒服，也不要稀釋了它。讓我引述維吉尼亞州的一位心靈拼貼®指導員，羅賓 · 庫柏－史東的話：

「我知道許多人很猶豫製作『黑暗』的圖卡，因為製作這樣的圖卡，感覺上會強化了『不良的黑暗』，所以迫使自己在有陰影的圖卡上增加一些『比較正面』的能量。然而，我發現其實是用接受、傾聽、與它一起努力，隨著時間推移，包容這些陰影，才是最好的整合。我自己的經驗，發現許多我認為是極端負面的能量，但跟著時間走，卻揭露了意外的智慧，也有幾個例子是圖卡的意義已經完全改變了——又是整合所給予的另一個禮物。」

成員能特的陰影

我們在成員的個性部分，每一天都會遇上陰影。如果我們願意讓「觀察者」在陰影上灑上光芒，就很容易找出能特中的良好和不太好的混合體。我們的「受傷小孩」大多時間都在睡覺，但可能會突然醒過來，變得非常地被需要。「受

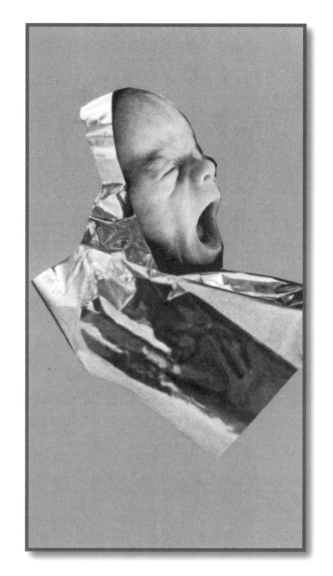

卡片名稱：喊叫嬰兒的內在自我
套組：成員卡
創作者：瑪蒂 · 溫特爾斯

「我喊叫是為了被聽到和被注意到；我喊叫是為了發洩痛苦。我喊叫故我在！」

傷小孩」也會小題大作，以致於整個成員都因此而停頓下來。我們的「批評者」，通常會以比較刻薄和負面的古怪角色出現，它懂得如何運用能量，微調到比較好的方式。我們注意到我們的「審判者」在更正他人意見的時候，變得傲慢自大，所以那個人不再願意聽我們說話。我們看到我們的「組織者」給予美好的協助，但她的強制力太強，因而關閉了自發性。我們也看到了「藝術家」曾經那麼熱愛創作，現在卻變得會自我批評，並且拒絕再拿起畫筆。

一位長時間操作心靈拼貼®的女士，艾莉森‧甘迺迪，是這樣描述她成員中的跋扈能特：

「在它的身邊同時有著陰影面和良好的一面……這是我的一部分，我能夠很快地評估一件事情，如果對我沒有幫助，就會拋棄它……但它同時也會妄自判斷，讓我拋開了原本不該拋掉的事物。就像『友誼』這件事，有時它決定下得太快了。在我的心裡，總是存在著這個多變的能特。」

自我：必要部分的集合體

在我們成員圖卡套組中的許多能特，長期以來被稱作「自我」，這是個充滿各色各樣定義的名詞。我的定義是，「自我」是人類為了在世界上生存，必須有的某些個性特質的集合體，本質上沒有好與壞之分，我們無法免除它們，也不應該嘗試去除掉它們。當這些能特可以維持平衡，它們會關照我們身體與情緒的健康。雖然，它們經常會用自私和自衛的方式工作，因此「自我」這個詞彙就帶有負面的意思。但這是「自我」裡的陰影所產生的負面，而非「自我」本身是負面的。「自我」的成員能特經常會變得貪婪、偏執、浪費、癡迷，這些都是陰影的跡象。這些負面的特點必須被指認出來，與它們一起努力，帶入比較好的平衡。我們可以讓「觀察者」能特退後一步，不帶著「批評者」進來評論或譴責，就只是客觀地觀察。這樣，我們就可以覺知在我們能特裡的陰影活動，可以和陰影對話，找到它們的需求，想辦法滿足它們，不是只是厭惡著它們。我們不再像是想要拋掉一個頑皮的小孩，是要接受並且改正它們。

在心靈拼貼®中，我們想像「自我」就像「我為導向」的能特一樣，強壯、有控制欲，坐在成員的主席台上主持場面。像這樣的例子有：競爭者、審判者、完美主義者、控制者、批評者、野心的自我、規則制定者、計劃者、時間掌控者、預算管理者等等。每個人可能有相似的「自我」群體，但每個人一定有不同的組合。不同點可能在於能量的大小、規模、陰影的濃度。有些人有比較強的「控制者」，有些人就比較弱。有些人有超級強大的「競爭者」，有些人卻一點都沒有。你

> 這是「自我」裡的陰影所產生的負面，而非「自我」本身是負面的。

可以自己選擇要叫這些能特什麼名字，在每一個套組上的名稱也都不一樣。也可以取一個有趣的名字容易記住。我將我的「競爭者」名字叫做「被擊敗的伯特」，因為他看起來很疲憊，在長久以來都想要贏的困難局面中累癱了。看來，他想放棄這個遊戲了……但卻又還沒完全放棄的樣子。

我們多數人的心靈拼貼®流程有很大部分的目的是，為了日益增長的「自我」能特意識，並為它們分別製作圖卡。然後，我們會努力將它們帶進某種程度的平衡，讓它們可以合作，分享力量，尤其是讓它們學習關心「我」以及他人。找到圖像為它們製作圖卡，特別是為了那些經常性失衡的能特，就能夠幫助你達成這個目標。讓一個能特擁有自己的圖卡和名稱，似乎就可以幫助它在成員圖卡套組中，輕鬆地擁有一個比較平衡的位置。

你替難纏的「自我」能特製作心靈拼貼®圖卡，應該要包含那些可以正確描繪出陰影能量的圖像。當你抽到這樣的圖卡，可能會不寒而慄，但不要害怕在套組裡有幾張這樣的圖卡。另一方面，我想強調的，是套組裡有些針對這些個性的幽默圖像也很重要。當抽到這些圖卡的時候，你會面帶微笑而不是愁眉苦臉。有時，聳肩大笑也是一種幫助你回到平衡的方法。

卡片名稱：平衡
套組：成員卡
創作者：葛蘭達 · 萊斯

「我提醒你把平衡帶回你的生活。」

卡片名稱：創造者
套組：引導卡
創作者：朵莉 · 金恩

「我走在你的前方為你指路；我走在你的旁邊給你安慰；我走在你的後方給你力量。」

處理陰影時的注意事項

我們每一個人都有隱藏和無意識的內在部分，許多都是從幼年時代就存在的。使用心靈拼貼®這樣的直覺性流程，來探討陰影，會揭露出某些能特。而這樣的發現會帶來驚訝和困擾，這就是為什麼我建議製作一張「保護者」圖卡的原因之一，它可以用來協助心靈拼貼®的過程。你可能會發現有些內在小孩的部分是受傷的、生氣的或是孤獨的，多年來被你無意識地貶謫、從未想起過。你可能會找到一個被羞辱的青少年，或是一個憤怒的受害者、一個怎麼都不對勁的她；可能會發現一個部分，拒絕接受所有事情的任何責難，或是一個將所有事情都責怪自己的部分。當你發現了，自己有這樣的一個部分，如果你可以去找出圖像，幫這個能特做一張心靈拼貼®圖卡。圖像也可能會找到你。做好圖卡後，勇敢地和他人分享你想要說的話，這樣可以幫助你療癒並平衡這個部分，然後將它整合到越來越覺知的成員圖卡套組裡。想想看，你的套組裡有哪些其他的內在能特會傾聽、滋養，並且與這個部分對話呢？將這些圖卡擺放在這個有陰影的能特周圍，當做療癒的一部分。

通常，人們只會被帶到，不是一次只能處理一個，他有能力處理的內在深層。然而，如果你突然被一個遺忘的記憶壓倒，帶著你的圖卡去找一位治療師，幫助你了解所浮現的問題。如果你是一位心靈拼貼®指導員，但本身不是心理治

療師，手邊要有可以推薦的、有證照的治療師。找到一位治療師懂得使用圖像來處理陰影的部分，並且介紹他／她認識心靈拼貼®。

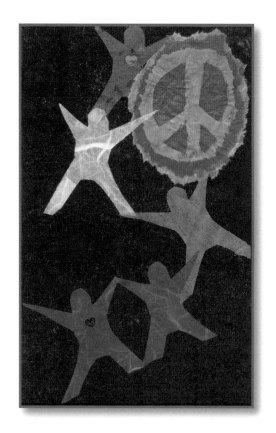

卡片名稱：內在魔鬼
　　　　　心靈拼貼®祈禱卡
創作者：瑪喬麗 · 荷耶 - 史密斯

「我拿著罐子存放你個人妖魔的陰影。我躲藏著以免你看到我的巨大醜惡。無人看守，我是可怕的、危險的。」

卡片名稱：抵抗的自我
套組：成員卡
創作者：南西 · 威斯

「我召集了我的同伴，為了和平，我們一起作戰、哭泣、歌唱。」

「正面」能特的陰影

我簡短地提醒你，即使是最「正面」的能特，像是「哺育的母親」、「快樂小孩」、和「觀察者」，有時也會失衡，表現出陰影的一面。這個陰影通常是誇大地出現，或是缺席。「哺育的母親」可能過度哺育她所關心的對象，以致於讓他感到窒息。當你最需要「快樂小孩」的能量時，他卻躲起來不現身。「觀察者」可能過度退後，造成你太多的自我覺知，總是在視察你自己。當你做了一些正面的圖卡，讓自己想像一下，如果這個能特失衡會變得怎樣？在你的圖卡上，不需要加上陰影的圖像，只要明白陰影可能會出現就好。在你的圖卡套組中的每一個能特，都會存在有陰影的。只有三張超個人卡，沒有形式並且是沉默的，不會有陰影存在。

社群圖卡的陰影

在社群能特當中，要找到陰影並不困難。大多數我們挑選到這個套組的人物，是因為他們的幽默、熱情、守信、智慧、情愛，以及其他我們想要擁有的特質。但是，我們也同時可以看到這些屬性，當被強迫、硬性規定、時機不對或是有損失的時候，都會投射陰影。如果當時對我們沒有用處，有時甚至是最佳能量也沒有療癒效果，或提供智慧給我們。「外在」社群的能特不會永遠有著完美平衡，就像「內在」

心靈拼貼®看待陰影，是有活力、原始的能量，失去了平衡——太多或太少。

的成員能特一樣。通常，你不會在社群圖卡上放上這個人陰影面的圖像——除非在你們的關係當中，陰影的能量佔了重要的地位。但還是要知道，陰影是有可能存在的。

同伴能特的陰影

七個同伴是看不見的能特，與我們的身體和能量精微體息息相關。如果你是屬於動覺型，身體協調性很好的人，這些能特就是你可愛的指引與協助者。透過練習，即使是像一些除非發生嚴重問題，否則很少注意自己身體的人，都能學習去檢視這些能特，採取一些措施，朝向身體與情緒的更佳平衡。

如果你直覺性地選擇這些動物的指引，使用引導式的視覺冥想，很可能出現的動物和它們行動的方式，反映了能量的不平衡。不要拒絕那些奇怪或是讓你不舒服的動物，試著踏入它們的能量，看看它們是否能夠告訴你，在身體的這個部分有哪些平衡和流動。這個動物是被困住了？睡著了？被關在籠子裡？還是可以自由移動？當你想像進入這個動物身體時，感覺順暢和平衡嗎？還是有太多或太少的能量讓你感覺有陰影？這是一種你可以發現同伴能特中，是否有陰影的方法。

也許你身體有些不舒服，甚至有疼痛、或是疲憊和沉重。

和「居住」在身體某部分的動物一起嘗試，會是一種觀想和幫助療癒的方法。除了身體的失衡之外，在精微體的情緒部分更是需要被療癒。這裡有些和各個脈輪相關的需求：

第一脈輪有保衛與安全的需求。

第二脈輪有性欲、情緒、和創造力再生的需求。

第三脈輪有個人征服感和自我為中心的需求。

第四脈輪有給予無私的愛和同情的需求。

第五脈輪有溝通和接收訊息與智慧的需求。

第六脈輪有意會認知到更大境界的需求。

最後，第七脈輪有邁向合一與完整的渴求。

以上這些都可能變得有陰影。在你的「觀察者」還不自覺失衡之前，每個脈輪的動物可能就有能力和你先行溝通。這時，就和這個動物一起以這個能量為中心，幫助平衡和療癒情緒。與這個動物對話，進入它的身體去看看有哪些苦楚，去找到它想要被療癒的地方。

當一個能特動物改變，可能是陰影減低了，或是更自由地移動了，你的同伴圖卡也會跟著改變。在一張圖卡上，你可能會放上幾個同樣動物的圖像，每個圖像展現一個不同的能量。你的能特動物甚至會演化成另一個動物，可能是更強壯的動物，這是沒有關係的。可以把新的圖像貼在第一個動

卡片名稱：擁抱光明和陰影
套組：成員卡
創作者：米麗・笛拉德

「我發現，我慈愛地擁抱我孩子的陰影和光明，也讓我更加憐憫地擁抱我自己。」

一套心靈拼貼®圖卡套組

物的部分圖片上，或是另外製作一張圖卡，把舊的圖卡放到另外一個盒子裡。如果以後再出現之前的動物，你還可以把圖卡拿回來。

每天檢查你的七個同伴能特是很好的練習，也許只是觸碰你身體的能量中心。謝謝它們的出現，請它們在這一天保持清醒與流動。

這樣做只要花上一分鐘的時間，也許在練習瑜伽和冥想的時候就能辦到。

引導圖卡和世界裡的陰影

歷史上，原型一直都在外界流動著，就如同原型一直在我們的靈魂裡流動著，兩個境界裡都有陰影能量的顯現。原型的陰影能量有時很強大，以致於壓倒了社會文明和個人。因此，我們必須學習去辨識這個陰影是呈現在大故事中，或只是在我們個人的故事裡，還是兩者都有。我們必須找到方法，保護自己、保護我們的社群，以及我們的世界。當我們變得越來越覺知的時候，即使陰影很強大，甚至壓過我們個人的陰影，還是能夠幫助平衡這個陰影。

許多人很難接受這個世界真實出現的原型形式，更難接受原型有著正面和負面的混合能特。這是一種宇宙的觀點，假設有一個現實面的中間地帶，介於我們日常物質境界和遼闊沒有形式的本源境界的中間，存在著所有的生物。

這個境界也是神祕和看不見的，但它確實是真實能量形式的境界。我們透過世代以來許多文化的神話和故事的幫助，主要仰賴想像和直覺去接觸這個中間地帶。我們身處二十一世紀，整體文化的氛圍，科學、理性、唯物主義哲學、基本教義派的宗教都在嘲諷這個中間境界，稱呼這樣的信仰是迷信的、不合理的、無法證明的，甚至是邪惡的，這樣造成的後果，二元論的形式就長大了，主導著大多數的西方思維。善良和邪惡，被看待成兩種完全分開的形式。兩者任一的觀念大勝，戰爭就成為在我們一邊的（善良的一方）和不在我們一邊的（邪惡的一方）。邪惡永遠被投射成「他方」，獨佔的思想在地球上製造的仇恨和戰爭，統治了許多地方。

再度引進圖像式原型能特的「中間地帶」，從眾男神與眾女神而來，或只是有活力的能量形式，都能幫助改變二元論的思考模式。我會說，中間地帶可以更包容，也可以多從心靈的觀點去取代兩者任一的思維。它可以讓我們再一次辨認出許多原型的能特，它們是自從有歷史以來就在這世界上運作，直到現在還與我們同在。我們可以轉向舊與新的神話，好好看待這些原型富有想像力的表現。

舉例說，「偉大母親」是世代以來眾所皆知，人們經常頌讚的原型。我們可以想像她賜予我們豐盛、美麗、生育力

> 當我們覺知的時候，我們能夠辨識陰影，並且幫助它平衡。

和互久不變，同時我們也可以在她的情緒改變、陰影浮現、憤怒、拒絕給予的時候，仔細觀察她。還記得，希臘神話中的狄蜜特，大地母親女神，當她的女兒泊瑟芬被閻王綁架時，她發狂且傷心欲絕地悼念女兒，拒絕養育大地，所有的生物就開始死亡。她只關注在自己的損失，全不在意其他事情，直到宙斯介入才拯救了世界。我們也看到現代有同樣來自於「偉大母親」的陰影，就是她讓某些地方不再下雨，之後可能因為她的冰山融化、或是她的物種快滅亡，於是在憤怒之下再送過來颶風。被這種憤怒的「偉大母親」原型特別捉住的人會意識到，並忙於「戰士」的能量，嘗試著取得其他強力的原型來幫忙，安撫她並解救地球。「偉大父親」、「模式保管者」或是「酋長」，這些也同樣有各自的陰影。智慧與慈愛的「父親」眾神，有時也會痴迷地嫉妒，而對無辜者和其他眾神施以暴力。「父親」或者「國王」的原型經常會變成壓制，特別會打壓女性的原型，父權社會就形成了，直到現在還是如此。當然這就是它們的陰影在展現。當我們覺知的時候，我們能夠辨識陰影，並且幫助它平衡。

均衡阿尼瑪（Anima）和阿尼瑪斯（Animus）

我從艾瑪・榮格（Emma Jung）所寫的一本書《阿尼瑪

卡片名稱：決心
套組：引導卡
創作者：米萊恩 · 葛伯格

「我是由希望和肯定點燃的決心。」

和阿尼瑪斯》（*Anima and Animus*）節錄出一段話，正好說明我所說的混合體。她討論了在女性心靈裡出現的「阿尼瑪斯」，或是稱為雄性能量。阿尼瑪斯是強壯和理性的，同時也有靈性的能量，很容易成為壓倒性的力量：「但當女性可以成功抗衡阿尼瑪斯，而不是被它吞噬，這樣就不會只處於危險狀態，而是成為一種有創造性的力量。儘管看來很奇怪，但我們女性需要這種力量，只有這股雄性能量成為我們靈魂的一份子，並且運作良好，一個女人才有可能成為有較高感應的真正女性，同時也能做她自己，履行個體人類的命運。」這是一個強烈的原型，在靈魂中帶入平衡而找到「黃金寶藏」的好例子。

「英雄」是另一個雄性原型，許多世紀以來抓住了許許多多的人類。從當今流行的故事和古老神話中，我們看到許多的英雄。英勇的「英雄」或是「追尋者」，離開家園到遠方旅行，面對所有試煉找到「聖杯」。珀西瓦爾、奧德修斯、佛羅多，甚至哈利波特，都是這樣的英雄。然而，「英雄」也因為追逐英雄的行為，讓他對於朋友或是遺留在家鄉的親人，產生不負責任的另一面。奧德修斯的驕傲，造成他全部船員的死亡。潘妮洛普和她的兒子多年來等候奧德修斯能夠覺醒，成為平衡的自我，回歸到家庭！

另一個原型，「戰士」，他真正的工作是保護族群裡的小孩和女性，但因為愛的力量變得過度嫉妒，自行合理化並

欺騙它所居住的人類，在可以用和平的方式時，反而使用了暴力。這個神化的原型，再一次出現了過度、盲目與驕傲的陰影。

通常是我們強大的引導能特陰影，捉住了我們個人的成員能特。然後成員能特便感受到，我們是被迫使用陰影的方法行事，而我們不知為何會宣稱「我們只是遵守命令」。「供應者自我」甚至是「購物者自我」可能是從持續的貧窮（缺席的陰影）到營養階段（足夠的平衡）、到貪婪階段（太多的陰影）而引發「消費者」原型的陰影。在現代生活中，貪婪是一個龐大和吞噬的陰影。家人、社群、和國家經常存在有這種陰影的團體。在貪婪的旁邊跟著其他陰影的原型，我們可以小心辨認它們。只是，做為個體來說，對於這種壓倒性的失衡，我們會感覺沒有能力去抵抗它。

然而，事實上我們可以強力地更正這些原型的陰影。首先，我們可以退後一步，並且覺知這些陰影。透過心靈拼貼®以及其他可以正視陰影的流程，我們可以認出內在的陰影。接著，加入社群，再加入心靈中最強大的引導能特，協力平衡這個地球的某些陰影。我們還是能夠對應在個人或是社群中，將善良和邪惡劃分成兩個敵對營隊的二元論。

你的意識裡要抱持這樣的思維：每個能特裡面都有來自

> 我們還是能夠對應在個人或是社群中，存在的二元論思維的陰影。二元論將善良和邪惡劃分成兩個敵對的營隊。

於本源的神聖火花。能特的能量，持續不斷地轉移和改變，覆蓋在這個火花上。能特的能量帶給我們生命和活力，同時也會失去平衡，為我們帶來憂傷。這些失衡的能特可以當成刺激人類靈魂精進的動力，也可以讓我們努力取得更好的平衡。我們不是小孩，仍然赤裸地住在伊甸園，無辜且還沒被誘惑。現在我們覺醒了，可以認出自身和其他人的陰影與光明。人類的職責是擁抱陰影，找到它的活力並了解它的需求、恐懼和憤怒。同時，我們也必須用盡全力，和內外在的能特盟友一起努力，更正陰影的自私、貪婪和暴力。

這裡分享一位女士的感人故事，她以前曾經被嚴重地虐待，特別是在節日時更是如此。對她而言，聖誕節絕對不是快樂幸福的日子。隨著時間推移，她創作了許多心靈拼貼®圖卡做為療癒的一部分，許多圖卡上面都是她過去傷痕的陰影能量。某一年快到聖誕節時，她決定再次放一棵活樹在她的家裡，而用來裝飾聖誕樹的飾品只有她的心靈拼貼®圖卡。她寫下關於這棵樹和它所代表的意義：

「當我的『超級』心靈拼貼®圖卡出現時，真的帶給我一個很大的震撼。我每加上一張圖卡，就感覺到我的心打開了一些！……這棵樹高大而驕傲地聳立著（它佔據了我半個起居室）；它溫柔地握著我的圖卡，我的故事包含在樹的整

她將心靈拼貼®圖卡掛在一棵樹上，給她自己一個正面的經驗，療癒過去節日所受到的創傷。

體裡。每當我來到這棵樹，駐足在它的面前，我的圖卡都讓我有敬畏之心。每一次，我都能看到新的事物。我用輕柔的態度握著過去。我注視著幾張圖卡，是一些帶有陰影的圖卡。這些曾經是讓我極度驚恐，甚至奪走我呼吸的圖卡。我想，它們應該會讓我很不開心，但事實上卻不是如此。現在，這些多年來鎖在我心中的陰影，終於有了一個表達的方式。這些有陰影的圖卡，反而成了我的解脫。」

CHAPTER 10

創作你的心靈拼貼®圖卡套組

現在，讓我們從心靈拼貼®的理論架構，轉到有創意和有趣味性的圖卡製作部分。如果你一直進行著心靈拼貼®的流程，最終會擁有很多張圖卡。但對每個人來說，總會有第一張圖卡。我建議你讀過本章後，就開始步入圖卡的創作時光。

一張圖卡可以是簡單的，只有幾個圖像；也可以是複雜的，有許多個圖像。每一個套組可以同時有簡單或複雜的圖卡。這是你的選擇，會依據你個人風格、創意取向，同時要看哪些圖像吸引你自己。上千張的心靈拼貼®圖卡，百分之九十九以上都是拼貼而來的，從雜誌、目錄、賀卡、線上圖庫等等，可以找到免費或是特價販售的圖像。接著，將幾個圖像仔

卡片名稱：想太多
套組：成員卡
創作者：潘・芮能

細剪下來，貼到空白圖卡上。我們選擇拼貼的手法，部分原因是讓那些害怕自己沒有藝術天分的人安心。選擇一個圖像，剪下來、貼上去，是每一個人都能辦得到的。

然而，我們認為，拼貼不僅僅是最容易取得、最便宜、最快速的工具，還能捉住你的注意力，迫使你選擇圖像。在圖卡完成之後，將帶給你一連串的驚奇與內省力。有一位在神學院擔任講師的女性，談到她如何使用拼貼：

「我使用拼貼做為教學核心，示範給大家看，因為前後有關聯，這些圖像的意義會跟著轉型，同時我們可以透過這些視覺圖像的拼貼，與其他人分享其中所包含的意義。即使我自己有二十多年專業藝術家的經驗，還是從製

作心靈拼貼®圖卡的過程得到了圖像力量的啟示。」

機會讓左腦發表意見的。

找圖像

製作圖卡的第一個步驟，是蒐集一些有趣味圖片的舊雜誌。可以請朋友、鄰居、或診所的醫生給你一些過期的雜誌；看一下手邊有的目錄，或是宣傳小冊子。隨時留意有趣的圖片，但別刻意去看圖片旁邊的文字。

腦袋放空來瀏覽雜誌的圖像，不是要尋找具體的事物。想辦法讓你的分析腦袋安靜下來，保持開放的心態讓圖像找到你。處於這樣的瀏覽狀態，你較少的意識仍然在注意著，它們會堅持，「撕下這一張」、「選這一張」，或是「拿你剛剛翻過去的那一張」。通常你不會覺知到，為什麼一個圖像會這麼迫使你去選擇它，但就是想要撕下它。通常圖像數量會充裕到，你可以聚集你所想要的。在這個部分不用吝於多準備一些圖片。你也可以蒐集一些天空、風景、有趣設計的可愛背景，之後可以貼在圖像的底下當成背景。但是，首先你要蒐集生物、人物、動物、年輕和年老的、男性和女性的圖片。這些圖片有表情、動作、臉上寫著故事、手部或身體的姿勢，以一種熟悉和有力量的方式跟你說話。再一次提醒你，不要忙著做分析。蒐集圖像是右腦的主要工作；稍後的流程會有

> 捉住你的注意力，迫使你選擇圖像，在圖卡完成之後，將帶給你一連串的驚奇與內省力。

開始心靈拼貼®

製作一張心靈拼貼®圖卡的時候，需要一把銳利的剪刀、品質好一點的膠水，還有空白的圖卡。這些圖卡大小應該是同一個尺寸，心靈拼貼®網站上有販售 5 英吋 x 8 英吋規格的空白卡材料包。小於 5 英吋 x 7 英吋的圖卡太侷限，大於 5 英吋 x 8 英吋的圖卡又太龐大，不適合攜帶出門或是擺出來剪貼。多數人會使用網站上販售已經裁切好的空白卡，或是到美術社購買大張的厚紙卡自行裁切。要精準剪切整齊這些厚卡，會花些工夫，也可以到美術社購買切割刀，或是請他們代為裁切。切齊每張圖卡，裁成同樣的尺寸。如果學校或是醫院團體需要使用大量的圖卡，也可以裁切一些檔案夾或厚磅數的水彩紙來取代。使用預先裁切好的空白卡，會是比較省力的方法。

另外，有一個選項的工具很好用，叫做「邊框」或是「取景器」。這可以是一張影印紙或是厚紙板所做成的工具。將大的卡紙中央仔細切出一張圖卡大小的部分，就成為一個邊框工具。這個工具是在黏貼圖像到圖卡之前，用來整理想要拼貼的圖像。你可以將邊框放在一張比圖卡還要大的圖像

上面，移動邊框看你需要哪一部分的圖像，或是用邊框去取景部分的圖像，看是否有你想要的能量，然後剪下多餘圖像。你會學習幾種使用邊框的方式，不過不一定需要這個工具。

　　當這些簡單工具到齊後，攤開將你所有圖像，從圖像裡挑選一張最有迫切的能量──一張強而有力、奇妙的、能捉住你的圖像後，就準備開始。通常，你會將這個圖像從原來背景剪下來。這會花上一點時間，因為最好沿著圖像的邊緣仔細剪好圖像。如果，這張圖像的背景對圖像本身是重要的，可以將部分的背景一起剪下來，但不是剪得像個正方形一般整齊。可以剪出彎彎曲曲的圖像，只要剪下你真正想要的部分。

使用一個邊框或是取景器來製作圖卡

　　許多人發現，當你想要包括背景的一些圖像，就直接把整頁撕下來的感覺很好。有些人不使用剪刀或裁刀修剪圖像，而是使用撕畫技巧，也製作了許多張圖卡。

　　有些圖卡擺橫得好，有些擺直得好。兩者都可以，所以當你在安排圖像的時候，選擇你覺得合適的方式就行。

　　現在，你要決定一張新的背景圖片貼上修剪過的圖像。找到可以襯托出圖像的背景圖片，會賦予這個圖像一個特別的新意義。在決定之前，可以多試幾張背景圖片。不要急著

卡片名稱：甜美的慶典
套組：成員卡
創作者：南西 ‧ 威斯

「我住在甜美的慶典裡，我的心暢飲著太陽的光芒。」

立刻要做完一張圖卡……將圖像放在邊框工具裡，或是擺在空白卡上，讓你的手指頭移動著這些圖像。讓圖像本身引導你。也許你會想要在一個背景圖片上放入兩個圖像，因為這兩個圖像看起來有相似的能量。

如果你使用有底色的空白卡，在拼貼圖像的時候，可以預留空間不要貼滿，讓有顏色的底卡紙露出一個邊框。也許你也會決定留著有顏色的底卡紙做為背景的一部分。

有時候會出現一個剛剛好的圖像，你不需要做任何的拼貼，只要將圖像剪成圖卡的尺寸，黏貼到圖卡上就好。這樣做法是可行的，因為你不會將這些圖卡拿去複印、銷售或交換。圖卡是給你個人使用的。然而，我相信，透過拼貼圖像，找到一個新的背景圖片，你會發現這是更有創意和有趣味性的過程。就這樣，這張圖卡成為你自己創作的圖卡，象徵你靈魂中的一個能特。

一張圖卡一個能量

我們進一步談到，一個能量的原則。在心靈拼貼®圖卡套組中，每一張圖卡意味著，有一個主要的能量。嘗試著讓每一張圖卡裡的能特有一個自己的名字，這樣能特就擁有它專屬的空間！許多人剛開始製作圖卡的時候，經常把太多的能特放在同一張圖卡上。可能是還沒有養成向後退一步的習慣，去覺知並看到自己有許多的部分，就像身體

裡有許多器官，一起在為身體工作，但各個器官有不同的功能，在健康方面是如此，在心理狀況也是如此。

心靈拼貼®基本上是一套讓我們增進覺知，了解複雜靈魂運作的流程。因此，我們鼓勵人們努力認知自己的內在部分，然後為它們製作圖卡。這是一種直觀的方式，將相似能量的圖像，放在同一張圖卡上。

如果你已經有明顯的內在小孩部分，每個內在小孩都應該有它自己的圖卡。舉例來說，「受傷小孩」不會和「好奇小孩」或是「快樂小孩」放在同一張圖卡上。即使你的成員中有這三個小孩，但因每個小孩都有各自的能量，它們需要不同的圖像和不同的背景圖片黏貼在分別的圖卡上。同樣的能特可能會找到不只一張圖像，但它們仍然都是指向同樣的基本能量。於是，當你讀卡的時候抽出一張圖卡，你能夠叫出它的名字，並且意會到它的能特對你提出的問題該說些什麼。也許有些圖卡，特別是社群圖卡，你可以將幾個圖像，像是一個團體、或是一群寵物統統放在一起。這樣是沒有問題的，因為總是會有一個特定的能量是來自於這個團體。這時，這個團體就被視為一個能特，只有一種聲音。

像這樣的規則還是有修改的例外，就是如果你為一位成員製作一張成員圖卡，你想把有著同樣能特的引導原型，包括在這張成員圖卡上，做為背景。「戰士」可能站在「政治活躍者」的身後；「創造者」在你的「藝術家自我」身後；「偉

尋找圖像

大母親」在你的「撫育自我」的身後。如此，這些雙人圖卡的能量是同樣的，雖然它的引導能特是放大的。如果這張圖卡上的主要圖像是原型，你可以歸類這張圖卡在引導套組；如果這張圖卡的主要圖像是個人故事的能特，就可以歸類在成員套組。

拼貼時使用部分文字

這是一個規定,不要使用文字!我知道,心靈拼貼®者討厭規定,我們很少有規定。關於不能拼貼文字的規定,偶爾你想打破,你就這樣做。我自己也曾經將能特的名字,或是一行詩,放在我的圖卡上。為什麼要避開拼貼文字,理由是這樣的:當你翻開一張圖卡,如果圖卡上有文字,你會先注意到文字而不是圖像。左腦一看到文字,就會醒過來,捉住

卡片名稱:小丑諾爾
套組:引導卡
創作者:琪拉 · 瓊斯

「哈哈!到我的黑暗境界玩玩光芒吧!我會惡作劇也會款待你──知道哪個是哪個嗎?」

卡片名稱:煙霧和鏡子
套組:引導卡
創作者:琪拉 · 瓊斯

「我不是我看起來的樣子。我是美麗而朦朧的,虛幻和迷人的。」

卡片名稱:滿州人
套組:引導卡
創作者:琪拉 · 瓊斯

「我是蒙著面紗的皇后。向我鞠躬。你必須毫無疑問地服從我所有命令。」

圖像找到我們，就好
像我們找到圖像，是
等量的。

字眼，因為這是左腦的主
要領域。接著，左腦就會
分析文字的含意，掌控整
個解讀。圖像會捉取右腦
的注意力，當圖卡上只有
圖像，右腦就會直覺地開
始掌管，深入心靈的未知
領域。右腦功能讓我們可
以立刻看到整體畫面，好
像從一些深層地方所出現
的智慧，給我們驚奇的回
答。換句話說，文字是美
好的，我們非常喜愛它，但請它們晚一點再出現。

你所需要的剪刀、圖卡、膠水、圖像，到處都找得到。

刻意地尋找圖像

我稍早提過，用同樣的方式直覺性地尋找圖像也是右腦
的主要工作。當我們不刻意去尋找圖像的時候，圖像找到我
們，就好像我們找到圖像，是等量的。這是因為我們意識較
少的心靈，對於視覺圖像帶有自發性與流動性的反應，比起
我們具邏輯的心智，帶來更多的感覺。

這麼說，有的時候我們會刻意尋找特定的圖像。在社群圖卡與同伴圖卡套組內，就特別是如此。你可以找出相簿中的家人和祖先照片，也可以在外出時替朋友照張相片。當探索出某個脈輪中的特定動物，你可以去找到一張和你視覺冥想中有一樣能量的動物照片。如果你參加一個專題，每個人要針對一個或一群特定的能特製作圖卡，你可以使用這兩種方式瀏覽圖像，刻意尋找圖像，同時也用開放的心態尋找圖像。心態永遠要保持開放，這樣才會出現驚奇。往往，當你刻意去尋找一個東西，就會跑出來一個完全不同的能特圖像，捉住你的注意力。這時，就把這個圖像先撕下來，留著以後再用。

黏貼！

多年以來，心靈拼貼者對於黏膠的議題一直有所爭論，沒有達成一致的共識。在工作坊裡，我們都是使用品質最好、可以長久保存的口紅膠（在圖像背面和厚卡上，都塗上口紅膠，而不是只塗一面，是很重要的。這樣做，可以讓圖像永久黏合）。橡皮黏膠很好用，但如果在密閉空間，幾個人一起使用的時候，容易產生毒性。「葉思」（Yes!）品牌的黏膠受到許多人的喜愛。噴膠只適合大一點的紙張，像是背景或是圖卡的背面貼紙，它也有毒性。要避免使用廉價的膠水，

試著好好剪貼你的圖卡。因為你可能會使用它們很多年。

或是漿糊，因為它們會黏貼不牢，同時黏貼以後紙張會起皺紋。在使用膠水的時候，最好讓黏膠覆蓋圖像的整片面積，而不是只黏住紙張的邊緣。其中，空氣氣泡會是一個問題。當你黏貼好一張圖卡的時候，立刻用另一張圖卡的邊緣去刮平黏貼好的紙張，或是在你的工具盒裡準備一個滾輪去壓平氣泡。你會找到你喜歡的黏膠和工具的，把它們放在手邊，準備隨時可以使用。

心靈拼貼®裡的圖卡藝術表現，並不是主要焦點，但是請盡可能將你的圖卡剪貼好。你可能會使用它們很多年，並且和其他人分享，所以請花點時間好好製作。

有幾種保護圖卡的方法，如果你喜歡有漆過的感覺，可以使用壓克力霧面亮漆。但請記得，從來沒有一張圖卡被認為是完全做完的。我們的能特一直在改變中，並且我們希望，它們可以持續精進。我們發現人們喜歡使用自黏式的塑膠保護套，因為如果未來他們想要增添一些圖像，可以很容易將圖卡從保護套中取出，再黏貼新的圖像。

科技

有些人會選擇使用電腦軟體來處理圖像，這樣做法有很多的可能性。我不會詳細描述這個部分，因為你們至少比我更懂得使用電腦的做法。

在任何情況下，心靈拼貼®不鼓勵複製，也不會違反侵害他人作品的智慧財產權。心靈拼貼®圖卡是給製卡人個人使用，同時我們鼓勵心靈拼貼者，只複製和修改沒有版權問題的藝術，或是購買有版權的藝術作品。然而，將自己的圖卡做電腦備份是聰明的，萬一圖卡遺失、損壞或是被偷，你還保有一套自己的備份。如果不幸的事真的發生，還可以重建圖卡套組。這種事真的發生過。但是，唉！她沒有備份！

將圖像從背景仔細地剪下來

在圖卡背面貼上色紙

我們在圖卡背面貼上不同顏色的紙，主要是在抽卡讀卡的時候，容易分辨出不同的圖卡套組。所以，當你「完成」一張圖卡，或是至少感覺到當下是完成的時候，你可以選擇一些漂亮的紙去貼在圖卡的背面。盡量找一些簡單的、沒有文字的包裝紙，但不要使用設計獨特的包裝紙，因為這樣你就會從圖卡的背面，輕易認出某些圖卡。

如果你有四套圖卡套組和三張超個人卡，就要找到五款你喜歡、可以互相搭配的包裝紙。每一個套組，應該有一種自己的背面貼紙，這樣就容易從背面分類。包裝紙要買夠，免得一下子就用完了，特別是圖卡數量特別多的成員卡、社

群卡和引導卡。超個人卡和同伴卡就不需要太多的背面貼紙。將買來的包裝紙剪下來，可以剛好覆蓋和黏貼在圖卡的背面。將整張紙的表面都塗上膠水黏貼，用另一張圖卡的邊緣刮平它，也是很重要的。

貼上背面色紙，有兩種目的：一是圖卡看來比較漂亮和完整；二是在讀卡的時候也有幫助，我在下一章會講解。你不需要知道，你選擇了哪一個能特，就能從不同套組中「抽卡」。

有些圖卡在你製作的時候，你就知道它的能特，自然也知道它是屬於哪一個套組。同伴圖卡的動物和社群圖卡的人物，就是這樣的例子。而成員圖卡和引導圖卡則較難以區分。之前我已經討論過這個困難點，就不再重複一次。有的時候，要花上一些時間和多讀幾次圖卡，你才能將圖卡命名，並歸屬它的套組。等到你可以分辨這張圖卡的屬性時，再貼上它的背面色紙。

也有許多心靈拼貼者已經做了大量的圖卡，但都沒有貼上任何背面色紙，這樣也無妨。因為，貼上背面色紙將會花

卡片名稱：拍照者
套組：成員卡
創作者：拉倫 · 李奧納

「我捕捉到你的想像力。你用無言的寂靜光之歌，深深吸引了我。」

上許多時間。有些人會使用不同顏色的小貼紙貼在圖卡後面，區分不同的套組，這也很好。只要不是寫字在圖卡後面就好，因為這樣做會讓這些圖卡容易被辨識出來，而你的心靈意識就會拒絕抽取有著比較多陰影的圖卡。

最後，我提一下套組，有些人選擇完全不去區分套組，各自分開的圖卡和區分套組的圖卡一樣有價值和智慧，在讀卡的時候都能運作得很好。因此，如果你感覺套組的分類很死板、刻意或複雜，你可以將所有圖卡都貼上同樣的背面色紙，除了超個人卡之外。因為，在讀卡時，這三張圖卡要另外拿出來擺放。

套組的價值是，讓你更有包容性和多樣性地延伸到你的整體心靈圖像。它可以幫助你想像你生命中的能特、指引、盟友和挑戰者，這些都是你從未夢想過可以找到的境界。

現在，我們可以開始討論讀卡了。讀卡是心靈拼貼®流程中最核心的部分。

CHAPTER 11

我是⋯⋯的流程

進入你的內在智慧

這一章的一開始，讓我引用來自加拿大安大略省的心靈拼貼®指導員，凱薩玲·艾博力寄給我的一封電子郵件，這是有關她最近一場工作坊的報告：

「這個週末，有位女士告訴我，她很懷疑這種『怪異的東西』，但因為陪朋友，她才會來參加這次的工作坊。我對於她的直率感到有些錯愕，但還是謝謝她的坦白。整個流程中，她都顯得很不自在，但還是勉強做了兩張圖卡。輪到她進行『我是⋯⋯』流程的時候，她的話語簡單卻深切，讓我們全體聽得熱淚盈眶。她說，她自己也感覺到很奇妙，因為她一直認為這套流程不可能打開她『閉鎖的心』。今天早上，我收到她寫來的電子郵件，她說心

卡片名稱：尋覓者
套組：成員卡
創作者：凱薩琳·安德森

「我會永遠尋覓真理的新方法。」

靈拼貼®將會是伴隨在她人生旅程中的一部分。」

我會在這一章深入探討，這位女士幾乎是意外地發現──我們可以透過圖像和直覺，進入內在的智慧。當你鑽研到大部分還沒被開發的心靈智慧，或許也會像那位女士一樣驚愕。

通常，誰是一個人生命旅程中最有智慧的老師呢？肯定是我們的靈魂，它知道我們個人的編碼、故事、天賦、熱情和夢想。問題是，大部分這種深層智慧的表象，像是突發的想法和觀念、夢境以及記憶，經常是來得快、消失得也快。有時，因為成員裡的能特，或是對直覺的智慧有所懷疑，或是害怕

奧德芮・喬德赫莉展示她的圖卡，使用我是……的流程，讓圖像裡的人物說話。

攝影者：珍妮思・英格理胥（2009 年）

聽到，打壓了那些突然出現的深層智慧。當這些智慧浮現時，我們需要有個船錨把這些想法安定住，想辦法網住它們。

心靈拼貼®透過諮詢圖卡，是一種安定我們智慧的方式。進行讀卡的時候，我們運用想像力和直覺力，讓我們的能特圖像可以大聲說話。一個貼切的比喻就是，去想像這些想法和願景都在我們的深層靈魂當中醞釀，但沒有發出聲音。有一位女士是這樣寫的：

「當一個圖像開始說出『我是……』，有些想法、情感或是願景就醒過來了，好像穿戴上一件特別的話語，來到你的舌間。這是無法解釋的。想像力與直覺力連結了圖像，帶動意識較少的靈魂湧起。你的話語在你的心智、能特周圍打轉，他們想要阻止這些話語，因為他們認為這不過是一場想像的滑稽遊戲。」

我是……的流程

從撕下第一張圖像，你好奇地想著這代表什麼意義？然後開始使用「我是……」的流程，讓這張圖像對你說話。這和你的邏輯心智想要做的分析和詮釋圖像完全不一樣，我們使用的是一種直覺性的方法，傾聽自我，為某人或某事，投入一種尊重情感的形式。這種情況是用圖像的本質參與，就只是從一張照片中給予生命和令人驚奇的覺知，也有另外一個名稱叫做「角色扮演」。一開始這樣大聲說話，好像很奇

怪也很幼稚，但要相信這樣的流程是有「黃金寶藏」的，試試看！

你可以從你剛撕下來的圖像，開始練習「我是……」或「我就是……」。稍後，你用這張圖像製作好的一張圖卡，也可以這樣練習。這是讀卡階段的主要工具，我現在就解釋做法。

首先注視著你的圖像，那是一個人？一個小孩？一個動物？也許是一隻貓？不是生物嗎？也許是一棵樹？然後，投入這個圖像，感受它的能量、情緒和它的意圖。想像這個圖像有著歷史，同時也有著聲音。開始說話，或是記錄下來，從「我是……」開始說，假設你就是那個圖像，描述你自己，你在哪裡，你在做什麼，給一些個人的描述：

「我是一個大約十歲的小孩子。我看來很貧窮，也迷路了。我又害怕又飢餓。我是叢林裡的野生老虎，我在樹的枝條上睡覺，但是還是保持著警覺和清醒。我很強大又凶猛，沒有人敢來打擾我。

我是森林裡的一棵樹。我很高大、美麗、和有生命力。我在森林的覆蓋下，將樹根紮得又深又廣。」

在你看完這張圖像所有明顯的地方，讓想像力往更深的地方探測，看看是否有細微的可能性，這個人／物會想要、需要、害怕、期待或是有所意圖。維持這個圖像的真實聲音，保守它的能量，不要加上你希望它說的話。繼續使用「我是……」做為句子的開頭，這樣會幫助你的焦點放在圖像上。經過練習，你可以只用「我……」簡單的開始說話。

比起談論圖像，或是客觀的描述圖像，角色扮演一個圖像更加有力量。讓我來告訴你這之間的差別。談論一個圖像的時候，你可能會說：「這跟我小時候不開心的時候有點像。他看起來被責罵過，因此很生氣。」這麼說可能會給你一些領會，但是和成為這個圖像所得到的自覺震盪，絕對無法相比。當你投入這個圖像，你會這麼說：「我真的真的很生氣。爸爸錯怪我並責罵我，如果我有能力，我會打回去。但我無法還手。一直以來，我都被責罵，非常不公平。」

感覺一下這兩者的不同。後者帶有情緒，當你這麼說的時候，你會真實感受到情緒。

多練習「我是……」的流程，直到你不再擔心這樣做很奇怪。成為圖像的人物，用它的立場說話，這帶來的價值值得你花功夫去克服尷尬的感覺。你可以拿任何圖像來練習，即使你還不確定這張圖像的能特，或是不知道是否會拿它做一張心靈拼貼®圖卡。從這張圖卡的能量說話，會幫助你開

> 投入這個圖像，感受它的能量、情緒和它的意圖。想像這個圖像有著歷史，同時也有著聲音。開始說話，或是記錄下來，從「我是…」開始說。

始意識到這個能特的名字，了解這個能量是否在我們生命中是強烈的。如果不是那麼強烈，就先放下這張圖像，找另一張有比較有迫切能量的圖像。

如果你是獨自一個人練習，你可以記錄你想說的話。但文字比較偏重於左腦功能，不像大聲說話是流暢無阻的。如果是不加思索所說出來的話，「憤怒小孩」、「審判者」或是心輪的動物，都能夠自由地表達。這也就是為什麼，在心靈拼貼®的運作，我們大力推薦，要以支援群體的力量一起做。也許只是一個持續聚會的小團體。我們在大多數的入門工作坊，會請參加者立刻去選擇召喚他們的圖像，然後，大家圍坐成一圈，介紹他們如何使用其中一張圖像，練習「我是……」的流程。在這個階段沒有討論或是問問題，只是大家輪流，從圖像裡的人物開始說話。這是一種特別並且有力量的方式，讓大家彼此熟悉。之後可以安排每一個人寫下他們記得所說過的，或是安排記

瑪麗亞博娜・西拉貝拉拿著圖卡，用「我是……」的流程，從圖像中的人物角色說話。
攝影者：席娜・弗斯特

錄者將每一個人所說的話記錄下來。

這兩種活動：一個是找到一個迫切的圖像；另一個是不需要排練就從圖像本身大聲說話，這兩者構成了心靈拼貼®流程的精髓。這本書裡有許多圖卡，你可以看到創作者對每一張圖卡所記錄的「我是……」的話語。看著這些圖像，讀一讀他們所說的話。這會讓你對這個練習有一個好的概念。

名字的重要性

在書上你也會看到圖卡的名字。我用幾段話來說明一張圖卡名字的重要性。幫一張圖卡命名不是隨便的，就好像幫小孩子取名字一樣慎重。要花點時間來思考，因為名字的意義是代表每個能特的主要和必要的能量。

下面是我引述榮格學者海倫・M・路克（Helen M. Luke），在她的著作《女人地球與靈性》（*Woman Earth and*

Spirit）所提到的幾句話。對於想要知道心靈拼貼®流程有榮格底蘊的人來說，這是一本我喜愛並且推薦的書。她說：

「在所有宗教與神話當中，名字的力量是一個偉大並且神聖的主題，在自覺意識的整個歷史當中⋯⋯有了名字，帶給我們分離與自覺選擇的力量（該書第 75 頁）。

然後，我們知道，在靠近我們靈魂深層的地方，存在著看不見的動力，讓我們搜索著正確的名字。這遠超過於知識的定義。這是真實象徵圖像的搜索，讓我們認出這件事物的本質，一個超過知識定義，無法定義與表達的詞彙。在搜索的過程當中，我們帶著智力、想像力、情感、本能的力量，也許這個名字就會意外出現，這個名字是由靈魂深處自發而起，帶來一個嶄新與直覺的肯定，這個名字活生生地將所有的對立整合（該書第 76-77 頁）。」

在路克的整本書內，她使用了神話和童話故事來說明她的論點；其中她使用了一個「調皮的小妖精」的童話故事，

卡片名稱：額登斯瓦格先生
套組：引導卡
創作者：安卓雅 ・ 舒勒

「我是大地之母的古代天神，向大地致敬，並且對她充滿所有的愛與尊重。我被她的美麗所滋養。我很感激她收容我，是我珍貴的家園。『沉默的大地永遠都在你的身邊』。」

其中皇后想盡辦法要知道小妖精的真實名字。如果你還記得，皇后必須知道小妖精的名字，來保住她的第一個孩子，最後，皇后花了許多功夫之後，意外知道了它的名字。

這些都是在強調尋找和等候被給予一張圖卡的真實名字的重要性。主要是從這張圖卡的角色說話，使用「我

卡片名稱：圓圈
套組：觀照者
創作者：溫蒂 · 葛蕾絲

「我教你如何進入這個圓圈的力量。許多人在你之前進入過，以後也會有人在你之後進來。進來我的圓圈，進來我的生命。我是變化多端的。」

是……」的流程，名字就會出現。可能是一個特別的名字，或是一組字彙：像是神話故事的一個人物、一個名詞、一個形容詞、一個特質、一個感覺……有些名字真的能夠把能特圖像的主要能量封住在這張圖卡上。有時名字很快地就會出現，例如：許多成員卡、大部分的社群卡和同伴卡都是如此。但也有的時候，必須要多讀幾次圖卡，才能發現它的名字，特別是比較神祕的引導圖卡。允許自己持續搜尋名字，因為它可以幫助你越來越自覺，讓這個能特的「觀察者」更超然。從退後一步的地方，你可以為能特做出選擇、幫助它平衡、心懷感謝地接待它。

接著，我要繼續仔細描述，如何諮詢圖卡來應對生活上的問題。這是一種立即治療、充滿靈性和高度想像力的方法。它經常帶來驚奇與轉變。

> 運用我們的想像力和直覺力，心靈拼貼®透過諮詢圖卡，可以停泊住我們的智慧。

CHAPTER 12

諮詢你的心靈拼貼®圖卡

使用心靈拼貼®圖卡讀卡

你的心靈拼貼®套組終究會包括上百張或者更多數量的圖卡。然而,只要你製作好大約十幾張圖卡,就可以向它們諮詢與你切身有關的問題了。我們稱呼這種直覺性的流程為「讀卡」。基本上,這是一種和你的內在指引或是能特的對話。你從靈魂深處所收到的答覆,往往會令你驚奇和帶來智慧。有時,你的生命也會因此而有所改變。

心靈拼貼®圖卡的讀卡和一般諮詢占卜卡,像塔羅牌,儘管它們在實體抽卡的動作很相似,但還是不同。接下來,我簡單描述這個流程的基本步驟:

1. 首先,寫下你個人的問題。

2. 接著,不要看著圖卡,從你的套組中抽

卡片名稱:尋覓者
套組:成員卡
創作者:米麗·笛拉德

「我用我一貫的問題尋覓著:『妳是我的母親嗎?』」

出幾張圖卡,將圖卡的正面朝下,放在你的面前。

3. 說出你的問題,一次翻開一張圖卡。

4. 輪流拿著每一張圖卡,進入這個圖像,開始用「我是……」的話語,從這個能特的能量、智慧與觀點來對應問題。

這種讀卡方式既不深奧,也沒有隱匿性。這不是預測未來。這些圖卡不是被任何傳統或是任何人,預先賦予了意義。你自己會意會每一張圖卡的意義,當每一張圖卡被諮詢時,會產生你自己的內在答案。心靈拼貼®的流程中,不會有人幫你解讀圖卡;對於自己的圖卡,你是唯一的讀卡者,也只有你自己能夠回覆你的問題。即使在一開始,

你還沒有很多張圖卡，需要向別人借用圖卡的時候，你還是自己從圖像中解讀，不需要這張圖卡原本製作者的資訊。雖然，在問題與抽卡的同時，經常會發生「共時性」，但這絕不是仰賴任何異常或靈媒力量的一種流程。這是和你多面向靈魂中的一份子的直覺對話。每個人都有直覺與想像力，可以為自己辦到。

營造一個神聖空間

讀卡是一種撫育心靈的活動，你可能會想要在讀卡的時候，營造一個類似儀典的空間。這對於你個人讀卡，或是參加心靈拼貼®的團體讀卡，都是很好的做法。

這樣的安排可以讓你不會被打擾。你可以挑一塊可愛的布料，放在桌上或是地上，擺放你的圖卡。在布料中間的地方放上一根點亮的蠟燭。將你所有的圖卡正面朝下，整齊堆放在你的面前。把超個人卡正面朝上，放在中間位置。這三張超個人卡在讀卡的階段，一直放在中間的位置，當成本源靜默的象徵，也是所有能特全體被握住，當成「一」的神祕。

在正式讀卡之前，先讓自己安靜片刻。可以用一首詩、一種視覺引導、或是呼吸調息法──只要是可以幫助你安靜思緒的任何方法。讓喋喋不休的成員能特，像是「照顧者」、

> 心靈拼貼®的流程中，不會有人幫你解讀圖卡；對於自己的圖卡，你是唯一的讀卡者，也只有你自己能夠回覆你的問題。

「製作清單者」，特別是「批評者」和「懷疑者」都安靜下來。這樣的規律和儀式的準備工作，讓個人故事的能特在你被圖像喚醒更深層意識的時候，可以安靜地待久一點的時間。

找尋你的問題

或許你在心靈拼貼®讀卡之前，已經準備好了問題。或許是在前面的一段安靜時刻，你想好了問題。又或許，你想要重複問以前問過的問題。以上的方法都可以，但要花點時間去找尋問題。從多年讀卡的經驗，我們已經發現，如何問問題和回答問題一樣重要。首先，這個問題一定與你有密切關係，不應該是個隨便的問題。雖然，有時可能是輕快的，甚至是帶有幽默感的問題。想辦法讓這個問題與你的生命旅程有關，和你深切想要知道的有關。避免使用「是」或者「否」的問句形式，因為這會限制你接收回答的範疇。你可以用比較概括性，或是「龐大」的問題：「我現在有什麼樣特別的天賦，可以給予我們的地球？」或者，也可以是非常具體，與目前生活上的麻煩有關係的問題：「本週誰會來幫助我，控制我內在的『審判者』？」兩種方式都可以，只要讓問題本身是簡潔並且定義清楚的。你不是要得到宇宙間永恆性的答案，而是比較立即的回覆。

等你決定好後，在筆記本或是便條紙的空白頁上，將問題寫下來。問題越簡短越好，不要加上多餘的解釋或是說明。不要讓問題的描述控制回答的走向，要用開放的心態迎接多樣的觀點。舉例來說，不要這樣提出問題：「我該怎樣讓我年邁的母親還能像以前一樣好好吃飯、定期去教會？」這種問法已經在指揮你的能特按照你所想要的答案回覆你。問題要簡短並且保持開放的心態。如果你和群體一起做心靈拼貼®，請將你已經寫上問題的筆記紙，交給另外一個人，當做你

這是讀卡的場景，所有圖卡翻到正面，本源卡放在中央。

讀卡時的記錄者；讓記錄者可以清楚地寫下你的回答，之後他才能重複朗誦給你聽。紙張也要有足夠的空間，可以寫下讀卡中使用的所有圖卡，也許會用到四張圖卡。

　　如果是你獨自一個人讀卡，還是要像傳給別人一樣寫下問題。當你意會到答覆的時候，寫下答案。你就是自己的記錄者。

讀卡的問題範例

　　我列出一些問題範例，提供給你一些想法和參考語句。所有的問題都可以透過抽出來的圖卡上的能特回答，都是從「我是……」的話語開始回答。

　　下週會是哪個能特幫助我的生活平衡？

　　我的頑皮能特躲在哪裡？

卡片名稱：天主教的女孩
套組：成員卡
創作者：葛謙 ‧ 申特芮

「修女教會了我羞恥心。我學會了倔強的抵抗。我也懂
得了點亮燭光，我會一直這麼做。我仍珍惜我倔強的特
質。」

誰來幫助處理我的憤怒能量？

哪個能特會對我與（某人姓名）的相處關係給予意見？

這次會有哪個能特想要跟我一起去旅行？

我現在應該專注在哪一個潛能？

誰會幫助我處理我的嫉妒問題？

那些令我厭煩的事物需要讓我了解到什麼？

有關這樣的決定，哪些能特會給我意見？

誰來幫助處理我的焦慮？

哪些能特會幫助我去激勵他人？

你能告訴我關於我感覺被困住的狀況？

下個月誰想跟我在一起？

誰會支持我去照顧（某人姓名）？

我該如何應對我老闆的負面情緒？

本週有什麼好玩的事？

將問題簡短化，也是一個好練習。試試看只用三、四個
字來問問題！

誰會幫忙？

誰在阻撓？

誰想去？

將問題修正到真正是對你有意義的。在筆記紙上寫上問
題並註明日期。如果你操作許多次讀卡，重複問一個問題是
很好的。如果你想不起任何問題，有個方法可以幫忙，就是

從你的圖卡套組中，抽出其中一張圖卡，仔細看著它，讓自己成為裡面的圖像，去想像這個能特會問些什麼問題。

與社群有關的問題

如果你持續參加做卡讀卡團體，可能會遇上一件對整個社群是哀思的事情，或是大家需要專注做一件特別的活動，這時你們選擇了一個社群共同的問題。同一個問題，而每一個人都諮詢自己的圖卡。大家要一起斟酌問題的字眼，然後每一個人都將同樣的問題寫在記錄紙上。

當我們朋友瑪莉，正在傷痛的時候，哪些能特與她同在？

面臨世界危機時，我該做些什麼？

哪些能特想要和我們一起慶祝這個節日？

我們的團體該如何對每一個人盡最大的幫助？

接著，我要描述使用一般讀卡的進行方式。

讀卡時的圖卡擺放

將超個人圖卡放在桌子中間，還有拿著你已經寫好的問題，就準備開始今天的抽卡讀卡。將圖卡正面朝下地散開在你的面前，看你想要諮詢幾張圖卡，一次抽一張。抽卡的時候，想著問題，讓你的手指頭在圖卡上移動，去感受它們的能量，幾乎是讓圖卡挑出它們自己。如果四套圖卡後面，你

讀卡

- 花些時間提出一個對你很重要的問題。
- 把圖卡正面朝下地散開擺放。
- 抽出你想要諮詢的圖卡數量，把圖卡正面朝下的分別放好。
- 輪流翻開每一張圖卡，使用「我是……」的話語開頭，以圖卡的聲音來回答你的問題。
- 每張圖卡說完話後都要記錄下來。
- 所有圖卡都各別說過話後，看著所有圖卡，去聽聽看全部的圖卡，當成為一整個群體時，是否想要對你說話。

都貼了不同顏色的貼紙，你可以從每一個套組當中，抽出一張圖卡。這麼做會給你比較廣泛的能特回答。如果你沒有區分套組顏色，就只要隨機挑選你想要諮詢的圖卡張數就好。如果你有足夠的時間，想要比較完整地讀卡，我們建議你抽取四張圖卡。這樣會花上一些時間，也許讀一張圖卡需要三到五分鐘。如果你的群體裡有好幾個人，時間也有所限制，那麼就每一個人抽取兩張甚至三張圖卡。或是，如果時間不夠，可以先選擇四張圖卡，時間結束而無法讀完的圖卡，則可以帶回家自己再讀。

自左到右：莉比 ‧ 施曼克和伊蓮 ‧ 理察，分享一張圖卡的讀卡。

將圖卡在你的面前排成一排，圖卡還是正面朝下，先不要知道它們的身份。別偷看！把其他的圖卡放到一邊，盡可能淨空桌子。

讀卡

現在要開始讀卡了。如果你自己一個人讀卡，就先唸一次問題，然後翻開第一張圖卡，仔細看著圖卡，開始當做這張圖卡的能特說話。當你直覺地用圖卡能特說話的同時，可以寫下你的話，或錄音下來。說出你的名字……**我是你的好奇小孩能特、我是你的朋友吉姆、我是你心輪的熊、我是你引導圖卡裡的戰士能特**。如果你還不清楚圖卡的名字，或是它該屬於哪個套組，就單純地開始描述你自己：**我是……還是一個謎……，而我……**然後，再大致描述幾個句子，說一說你對圖像所感覺到的能量。**我有強烈、憤怒的能量，我總是在變動中……**或是，**我總是會批判我內心的想法……**

接著來到問題：**我要對你說的這個問題……**然後你就盡可能完整地回答，不加思索地讓話語湧現。這些話語來到正題以前，可能會先迂迴繞些圈子。或者，它們會很快地回答。

> 讀卡時有觀照者在場，可以鼓勵能特揭露自己。

有時還帶著詩意，很可能會帶來驚奇。最重要的，是要待在所翻開圖卡上的能特的能量裡。不要用你的其他部分去修正或增加字眼，也不要跳開能特去評論或修改。盡可能待在你想像的這個角色之中，使用這個獨特的能特去回答問題。也許這不是你所預期想要聽到的答案。也許它會說它不懂這個問題；但更可能的是，它會說些令你驚奇同時切題的回答。如果一個答案在前面三、四個句子就出現，就不用再繼續問。反過來說，有時你會感受到內心的驅使，想要待在這個圖像裡，做更深層的探索。如果有指導員跟你一起讀卡，他會問你問題或是鼓勵你繼續探究。

讀卡時分享彼此的圖卡
攝影者：奧德芮・喬德赫莉

群體讀卡

如果是和一群懂得支持的人們一起讀卡，會比獨自一個人讀卡更有力量。就好像有「觀照者」鼓勵能特，把自己揭露出來。四、五個人就可以構成一個讀卡群體，因此，如果你們有比較多人，就多分幾個小組。如果你有六個人，可以分成兩組或三組。這麼做，在有限的時間內，可以讓大家比

卡片名稱：星際之門
套組：成員卡
創作者：強尼・笛拉德

「我已顯化自己的命運、自己的經驗和真實面。」

較從容地讀卡。能夠讓一群人安靜並且專注的讀卡，兩小時可能就足夠了。

每一個人按照上面所說的準備讀卡，寫下一個問題，並且抽出一張想要諮詢的圖卡。記錄者大聲唸出一個人的問題之後，這個人就開始翻開他的第一張圖卡。我等一下會說說記錄者的角色，但先讓我描述對於團體讀卡最有幫助的一種模式──一個人讀過圖卡後，輪到下一個人做為「讀卡者」。「讀卡者」將自己的問題交給另一位「記錄者」，接著聽這位「記錄者」誦讀一次「讀卡者」的問題，「讀卡者」再翻開第一張圖卡。這個流程會重複一輪。最終，每一個人都讀過一張圖卡，再輪回到第一個人。然後，再從第一個人聽「記錄者」複誦第二個問題，接著再抽第二張圖卡讀卡。第二輪的「記錄者」，還是原本幫忙記錄的同一個人。這樣輪流下去，直到每一個人都讀過所抽出來的圖卡。我們建議這樣輪流的方式，而不是一個人一口氣把自己的圖卡都讀完。這麼做可以維持參與者的高度興趣。同時，不會有人擔心自己沒有機會讀卡。這樣的方法也可以讓人們在跳入第二張圖卡之前，可以專注在第一張圖卡的話語。

記錄者的角色

為了幫助讀卡者停留在直覺性的狀態裡，最好別讓他們一邊說話一邊記錄。這就是為什麼在團體讀卡中，你會為每

一位讀卡者指定一位記錄者，這樣記錄者可以在讀卡者翻一張新圖卡之前，就複誦問題給讀卡者，然後再幫忙記錄圖像所說的話。你會學習到，記錄也是一種藝術。沒有必要寫下每一個字，你可以概述並且去掉重複的字眼，也不用寫下每次重複的「我是……」，就寫個「我……」，然後接著圖像所說的話。不要將讀卡者的旁白或是解釋都記錄下來，除非這些都是相關的話語。如果讀卡者說得太快，可以要求他稍微停頓一下，或是要求他說慢一點。記錄的字跡要清晰，讓你和讀卡者都能看得懂。記錄者可以將記錄寫在一張空白的紙上，或是如果讀卡者願意，就請你直接寫在他的記錄本上新的一頁。

團體讀卡時，記錄者要複誦讀卡者所說的話。

記錄者複誦記錄

結束讀卡的一個最有力量的方法，就是讓記錄者將他們所記錄下來的話，對著讀卡者和整個群體大聲的複誦。

在持續進行的心靈拼貼®團體裡，最後的一個段落，就

是每一位記錄者，要將所記錄的內容，唸給所有的人聽，特別是唸給讀卡者聽。先唸一次讀卡者的問題，再說出被抽出來的圖卡名稱，然後再誦讀每個圖像所說的話。這是一種很有力量的結束方式。如果記錄者能夠帶有表情地來誦讀字裡行間，聽起來就會像是一首充滿智慧的詩。對於讀卡者來說，這是他們的直覺所散發出來的啟示，同時人們都喜愛聽到別人複誦他們的話語。參加者可以將記錄紙帶回家，貼到自己的記錄本上，在團體聚會之間可以隨時參考。有些人會將記錄轉化成詩詞，下次聚會的時候再帶回來分享。

許多的讀卡團體都有一位經過訓練、組織團體、收取指導費用的心靈拼貼®指導員。指導員本身不讀卡，可以為參加者當記錄，或是幫大家配對輪流擔任記錄者。同時，指導員為了幫助每一位讀卡者會提出一些問題，或是幫助讀卡者拉回第一人稱的狀態。其他團體的成員則維持「觀察者」的角色，不會用自己的詮釋或是個人的經驗，打擾讀卡的進行。全部的讀卡活動完成後，如果大家都同意，可以有一段時間讓彼此成員互相交流，詢問問題並分享經驗。然而，考慮到心靈拼貼®的流程是一種儀式，而不是一個治療團體，並不是一直要探測人們的心靈深處，也不是要探索人們似乎要迴避的地方。「觀察者」會傾聽、表示興趣、欣賞圖像以及保持誠懇的態度。

通常我們在無意識下所選擇的圖卡，對我們的問題來說，是重要的。

圖卡揭露許多觀點

請記得在心靈拼貼®的讀卡，你接收到的不只一個答案。這個流程擁有許多的價值，其中一項價值，就是總是會有幾個觀點。就好像是你將問題帶到由幾位智者所組成的內在諮詢會一樣，有一、兩個答案會是特別突出和令人難忘的。有些答案看來不太相關或是沒有太多的幫助，但也許之後是有意義的，會令你驚奇。

經常有陰影的能特會跑出來，可能就是造成這個問題的原因！他／她會告訴你完全不想聽的事情，但仍值得去聽聽看這個能特的答案。因為，通常它會給出導致這個問題的線索。舉個例子，你的「害怕小孩」出現，回答你有關一段新感情的問題。它的出現很有意思，因為它是你的成員一份子，是不想往前邁進一段新感情的能特。現在，它能夠告訴你，為什麼它這麼害怕？它需要什麼幫助，讓它克服這個問題？這時，可能需要其他能特來幫忙它度過恐懼。很可能，就在讀卡時，其他圖卡會出現了一位幫助者。

每一次的心靈拼貼®讀卡，都是新鮮並且充滿可能性的，是一種「未知」的元素，不知道哪一個能特會現身來回答問題，才讓讀卡這麼有趣。這就是為什麼我們不是去選擇讀哪

一張圖卡，而是透過共時性、隱隱約約地知道，存在於我們的無意識，和我們抽圖卡時的雙手能量當中，讓圖卡被我們選中。

共時性

讀卡之後，我一再聽到人們說著：「這些圖卡真是太奇妙了！」他們說的是所謂的「共時性」，這是榮格用來表示「有意義的巧合」的字彙。我們這裡所談到的認知是，有意識的心智是受限制的，但是靈魂卻不會受限於時空。我們的能特能量深層的交織、不斷的重疊、神祕與持續的互相影響。提問者的直覺心智和回答的模式，有一個往來的對應媒介，這也就是心靈拼貼®圖卡所提供的媒介。不知為何，我們在無意識的選擇下，就選擇了對應我們問題的重要圖卡。當然，也不是每一次都會發生這樣的情況。只有在問題是重要的、保有對這個流程的開放心態、有些期待的感覺，而不是存著懷疑或是玩世不恭的態度，共時性才會在想像力被尊重和信賴的時候，始終如一地出現。此外，如同榮格所說，當「一個原型被激活」的時候，共時性最容易發生。

神話與象徵

我認為榮格所談到的原型啟動，是我們個體的無意識，連結到了包括原型境界在內的浩瀚宇宙的無意識。好比是我

卡片名稱：守護天使
套組：引導卡
創作者：可琳 · 貝尼利

「我們擁抱著，這些踏著彩虹之光來到地球的小寶貝。」

卡片名稱：保羅

套組：社群卡

創作者：梅格 · 葛尼

「我是妳的大哥，我要給妳和我所有的朋友生存之光。」

們個體的靈魂，是一條廣大流動河流的一小條支流，當我們個人故事，融入了宇宙中的大能特，或是被它觸摸，我們就會體會到有意義、愉悅和有方向。

歷史中無數的神話、故事和傳統象徵，原型的能特都已經顯化出不同的型式。即使我們從來沒有研究過，我們個人的靈魂深處卻知道許多神話。它們是我們本源的部分火花、我們的靈魂本質、我們的編碼。因此，我們被特定的圖像引導著，被人類形式的神祇吸引著，制定了具體的戲碼；我們也會被岩石、水流、某些顏色——甚至某些形狀所吸引。終究，我們的每一張心靈拼貼®圖卡都會有一個獨特的風格或氣息，它們反應了我們自己的個性與獨特的靈魂。

> 當我們抽到有原型人物的圖卡，要願意擔當起這個角色。

我們所選擇的圖像，特別是引導套組的能特，通常會有一種神祕的特質。你可以選擇許多尋覓者、冒險家、孤獨的旅行者的圖像；或是你可以選擇女人和小孩、照顧者、地球女神的圖像；或是你會選擇在所有套組都會出現能特的動物圖像。有些圖卡可能和神話的人物有關連，也許像是「珀西瓦爾」或是「尤利西斯」，或是比較普遍的名字，像是「英雄」。你也可以有「瑪莉亞」或是「觀音」的名字，或只是叫做「慈悲」。取名叫做「海克力斯」，或是「力量」；「阿

芙羅狄蒂」或是「愛人」、「濕婆」或是「毀滅者」。這些能特通常屬於你的引導套組，帶來智慧的讀卡，特別感覺到有共時性。我的意思是，它們在讀卡中的智慧話語，特別有意義，幫助你認知自己的靈魂本質，顯化出有活力的外在形式。它們也幫助你投射在一個神話角色的故事，從很久以前就被傳頌千百次。因為它的宇宙性與指引性，這是非常有意義的。即使旅程是艱辛並且充滿了陷阱，它也有目地。困難擔負著神話的意義，出現在我們的生命中是有涵義的。因為現在我們認得自己，是屬於一個持續運行且永恆的故事。

擺出我們的圖卡，看一看生命的模式、故事和主題。

引導能特說話

　　當你從引導能特的圖像說話時，它的話語和能量是廣大，甚至宏偉的。世代以來，這些神話的能特都已經被激活了，在它們進入一個生命的時候，它們總是超自然並且帶著威脅，有的時候它們甚至會感受到被壓迫。它們說話的口氣比起其他能特更超然些，而且可能同時含有智慧又想要指揮。這些能特不會給你飄渺的詞彙，它們會用世代以來的經驗來說話，告訴你它們想要

你現在以及未來要怎麼做。你的成員能特受到原型的捉取，會以比較內在的出發點，表達它們的意願，或配合或遲疑、抱持著希望還是害怕。當我們抽到有原型人物的圖卡，要願意擔當起這個角色。當從引導圖卡說話時，你還是可以從「我就是這個……」開始，以區別於「我是……」的開始，後者

適用於其他套組的圖卡開始說話的方式，因為它們的能特知道，它們只是許多成員的其中一個部分。這也是一種方法，可以幫助你區分引導和成員兩者之間的能特。

兩個讀卡示範

讀卡 1：

這是一次讀四張心靈拼貼®圖卡的例子。由加州的心靈拼貼®培訓講師，瑪麗亞博娜 · 西拉貝拉示範。

這個想法是從席娜的「智慧女郎」而來的。這個讀卡使用了最少字的問題。有一天「智慧女郎」說：「修正你的問題，簡化到三個字。」我們嘗試了。我發現，修正後的問題更深入並且有啟發性。這樣驅使我跳開故事的部分，能夠更深層的探索，直指問題核心，對於我當時的狀態真的很需要這樣。下方提供一個例子。

問題：「誰在阻擾？」

圖卡 1：朝聖者（成員）

我是……跟隨另一個世界的暗示，無止盡地行向本源。我的腳步又輕又安靜。我走在心靈小徑，有一天我會與它的神祕匯合。在我的陰影裡，我把自己隔離在心靈的傲慢中。我認為我自己可以獨自進化。我期待神祕的心靈富足，他們會揭露給我。可是，他們用奇怪的方式將我分開，終究我還是獨自一人。對於你提出的問題，要記得即使是朝聖，我也是從養育我的實體的一份子。我可以允許反滲透，也允許交換。我可以丟棄有限的故事，即使這些故事聽來是正面的。他們真的有時候經常會停止。

圖卡 2：慈悲（引導）

我是……用慈悲擁抱光明和陰影。我用均勻的節奏吸取世界上的眼淚和笑容。我的陰影有時會過度自私。對於你提出的問題，沒有平衡我、你的慈悲。將你對別人的慈悲，也均衡地多給自己一些。是什麼樣的優越感，讓你認為你的需要沒有別人的重要？誰在給予又是誰在接受？外頭有上百萬的別人，而你卻只有一個人。這是一個數學的神祕問題等著你去解答。

圖卡 3：我被釋放（成員）

我是……從自己指定的審判者手中，釋放被衡量的標籤。我從捆綁的衣服釋放、從一般好意的謊言中釋放、從禁令到順應釋放、從可愛到擁有中釋放、從窒息自我的規則和限制中釋放。為了喜悅和生命力流下汗水，我可以裸露地跳舞。我的陰影是在背景的人物，瑪利亞·葛萊蒂症候群（Maria Goretti syndrome）。對於你提出的問題：我需要提醒你多少

次，從虔誠釋放、從做一個好女孩釋放、從被壓迫中釋放、從一切亂七八糟中……釋放。要解決妨礙，我們需要更多的舞動，和我們身體重新連結。讓我們買一輛快速的紅色跑車吧！

圖卡 4：地獄之馬（同伴，第三脈輪）

我是……用清楚不含糊的期待，迎接世界。我直視眼裡的恐懼，貪婪地奔跑在狂野中。四個元素是我的同伴；它們信賴我的直覺、我的能力、我的目標和我的勇氣。我的陰影是自我領域。對於你提出的問題：即使光被妨礙了，還是要熱愛著光。要相信來來去去的千年循環會除掉這個妨礙，從朦朧浮現出來的第一道光，將會是像雷射光一般，精確和強大。感覺一下我的身體，強壯的肌肉在奔跑中是如何顫動的。

讀卡 2：

這是一次讀五張心靈拼貼®圖卡的例子。由加州的心靈拼貼®指導員，米萊恩 · 葛伯格示範。

問題：「我如何將創意融入到我的生活？」

卡片名稱：海洋設計
套組：引導卡
創作者：米萊恩 · 葛伯格

圖卡 1：濕婆（引導）

我是……你的引導濕婆。生命的力量裝飾著我。我用沒有形式的純淨讓愛的光照耀在你的身上，我也提醒你無論有形式或是無形式，都是「一」。對於這個問題，我要對你說：和我一起跳舞和歡笑！和所有的形式都保持距離。當你和我歡喜玩耍在創意的光芒遊戲中，就讓你的生命力量顯化出創

意。我會永遠與你同在。

圖卡 2：批評者的恐懼（成員）

我是……你的批評者能特的恐懼。我被你最惡毒的「批評者」嚇壞了。我嘗試著想要保護你遠離「批評者」，但是我也被我的恐懼給禁錮了。對於這個問題，我要對你說：每當你感覺不情願表達的時候，就把我和「批評者」的圖卡擺在一起，把我們當做是你生命面向中的其中之一。你必須看到我們，必須直接面對我們，但你不能像我一樣被困住。自由才是你真正的名字。保持自由！

米萊恩 · 葛伯格的水晶頌鉢圖卡

圖卡 3：海洋設計（引導）

我是……你的海洋設計能特。每個海洋的波浪、氣息、跳動，都是供應我廣大無邊的豐盛設計。對於這個問題，我要對你說：看啊！看看在我裡面、在生命中、在任何地方，都有著壯麗紛飛的創意。去感受無邊無際、永遠在變動的設計，跟它們一起舞動、把它們畫下來，唱出它們，呼吸著它們。如果你忘記了這麼豐盛的禮物永遠

是你的，請來找我。

圖卡 4：水晶頌鉢（社群）

我是……你的水晶頌鉢能特。我抓住光芒向你鳴唱，我把永恆帶給你，你同時在永恆裡和這個世界上。對於這個問題，我要對你說：敲打我。讓我的音調揚起，滋養你的心靈和骨頭。與我一起填滿、一起放鬆、一起安憩。所有懷疑都融化在我的聲響裡，萬事萬物都在我敲出的純淨空蕩共鳴中流動著。

圖卡 5：創意（引導）

我是……你的引導的創意能特。我是……地球的創意火源，還有世界上所有事物的核心。對於這個問題，我要對妳說：妳是我的女兒。我的財富就是妳的。接受這個事實，所有事物就會被顯化。

CHAPTER 13

心靈拼貼®裡的驚奇與幽默

利用這簡短的一章，我要再次強調，心靈拼貼®裡驚奇的重要性，同時要向原型的「愚人」致敬，因為它是引導成員中，和驚奇連結最密切的原型。

柏拉圖說過，哲學的開端就是驚奇；我依循著他的說法這麼說：轉型的開端就在於驚奇。這是因為，儘管我們的靈魂渴望改變和成長，我們的成員份子通常會努力的維持現況，而不願意冒險去探索未知的領域。想要真正開始行動與成長，我們通常需要驚奇，這時就需要「愚人」的微調與推力。它是「神聖干擾」的原型。希望「愚人」對我們的推力，可以帶來幽默、嬉鬧以及共時性的形式，而不是帶來更多陰影的干擾。心靈拼貼®是一種有創意、右腦的活

卡片名稱：眨眼（內在的小丑）
套組：成員卡
創作者：席娜・弗斯特

「我喜愛沿著教堂走道跳舞，打擾一下嚴肅的教會事奉。」

動，正好提供「愚人」一個輕快的進入場所——如果我們可以放輕鬆，容許驚奇發生。

我來分享一下我個人和這個主題相關的一些故事。二十五年前，我參加了一個活動，現在回想起來，它影響到我從事心靈拼貼®的工作。我曾經當過小丑好多年！我參加過一些小丑工作坊，並且發展出兩種相當不同的小丑個性。這兩種個性都是屬於干擾者，喜歡帶給人們驚奇。一開始，這兩個人物讓我很驚訝，因為它們與我嚴肅、內向且不足為奇的外顯性格完全相反。第一位小丑名叫「安・索羅普女士」，是位老太太，她總帶著一個裝滿宣傳單的提箱，看起來好像有參加不完、一個接著一個的工作坊。她大多數都是去參加「冗格」

安 · 索羅普女士（席娜）在亞利桑那州的圖帕克市，參加 2009 年心靈拼貼®指導員大會。

攝影者：吉姆 · 薛菲爾德

工作坊，安女士故意將「榮格」發錯音。有時候，她會衝進不同的機構聚會（當時我擔任一所家庭服務機構的主任），給大家一個意外，喋喋不休地說著，她一定要找到一個完美的工作坊，才能讓她的生命完整。她會取笑治療師所認為的嚴肅課題。人們覺得她很搞笑，也很喜愛她。雖然不太明顯，但這是真的，人們是在笑自己，也喜愛著自己。

我的第二位小丑名叫「眨眼」。他是教會小丑，召集了一群長老教會的小丑劇團，包括青少年還有一位快要

> 心靈拼貼®裡的驚奇元素，讓我們用新的眼光看待自己，用療癒的大笑，取笑我們自己。

八十歲的女士。這個小丑劇團的名稱叫做「歡樂的多話者」，我們經常把驚奇帶到教會的聚會，打斷他們的服事、收取奉獻、在走道上跳上跳下的舞蹈、在長凳座位前歡樂的迎接人們。有的時候我們會用話語或是啞劇，演出聖經的經文教訓。「歡樂的多話者」突然到來會立刻將崇拜儀式的能量轉換。不可避免地，「內在審判者」會出現在某些人的臉上，但是大多數人的「內在小孩」會開懷大笑並且揮手，產生了自發性的喜悅和親密感。那些都是值得懷念的服事，人們會談論好幾個月和好幾年。這一群「歡樂的多話者」也會參加七月四日國慶日，在大街遊行隊伍中跳舞，我們揮舞著旗幟，讓

街邊觀看的人們感到驚奇，他們用微笑、握手、給一把糖果，熱情地回應。

我提到這些小丑，因為他們是我進入「發自內心的笑聲」的一種途徑，也是讓笑聲撫慰自己和其他人內心所缺乏的真正幽默感。第一位小丑「安・索羅普女士」，她來干擾身為心理治療師，有時對待病患過度嚴肅的心態；「眨眼」小丑，同樣也是要來干擾大多數宗教服事的嚴肅和缺乏幽默感。兩個小丑都在訴說：「為什麼你要把自己弄得這麼嚴肅？讓它過去吧！一起來玩吧！」

榮格學者，海倫・路克，在她的散文集《發自內心的笑聲》（*The Laughter at the Heart of Things*）中有一篇同名的散文，寫道：「我們經常取笑身旁別人的弱點，但是有著幽默感的人，不會取笑一個人的；只是對顯現的滑稽，感到些許愉快的感覺，這不是責備他人的笑聲，只是突然認知到，我們人類一向缺乏的這部分，所產生的矛盾和衝突，感到有些開心。這是一種療癒，而不是破壞——在生命的悲喜劇、嚴肅和荒謬之間的一點愉悅（該書第 111 頁）。」

這種「突然認知」也可以描述為「令人驚奇的認知」所缺乏的部分。而缺乏的部分，在心靈拼貼®裡所稱呼的另一個名字，就是「陰影」。有時候我們的能特會誇張地表現，或在需要它的時候，卻又懶惰地缺席了。問題是，我們該如何警告一個靈魂，任何靈魂，這個內在的真實呢？如果一個

卡片名稱：哀鳴者
套組：成員卡
創作者：朵莉・金恩

「我偶爾喜歡抱怨。我覺得這是一種很好又快速的發洩方式。我覺得抱怨有其必要性，然後我看到了一個招牌上寫著：『胡扯！』」

靈魂的自我（換句話說，一些控制欲的成員份子），武裝自己並且非常害怕，它不承認有任何缺乏，至少在它的領域內並無缺乏。這樣的能特可能會指著別人的不平衡並嘲笑它，但這絕不是路克在其散文中所提到的內心笑聲。這樣的嘲笑是尖銳的、帶著刺的，甚至有刻薄的意味。所以，問題就跑出來了，是否有任何方法可以讓有防衛性的自我驚奇一下，或是用傻乎乎地微調，幫助靈魂的能量更自由地流動？也許是來一個開懷的大笑？當我們需要安女士的時候，她在哪裡？「眨眼」在哪裡？

下面提供幾個提示，讓你容易製作屬於你的「愚人」卡，還有當你分享心靈拼貼®給其他人時，該如何帶入流程當中。

1. 手邊有多一點的圖像

從各色各樣的雜誌、賀卡、相簿、報紙裡收集圖片。圖像有著令你直覺和無意識的驚奇，它們是非常不可預測的。每個人看待圖像都不同。在收集圖像的時候，同時要有奇怪的、幽默的、嚴肅的、美麗的各種圖片。在收集圖片的時候，用恍惚的意識去瀏覽，不要妄加批判或是詮釋圖像。

2. 盡量好玩一些

把瀏覽圖像當成尋寶一樣，準備無數張圖像，你想要的圖片都在其中。用孩子收集復活節彩蛋般的心情，盡情收集圖像。

3. 在製作圖卡的時候也要保持好玩的精神

你越感覺自由自在、不抱持預測的期待去結合圖像，所製作的圖卡就越神奇。「愚人」可能交給你完全不合邏輯的圖像，請信賴它給你的指引，拿起剪刀和膠水。稍後到了讀卡階段，你會發現，為什麼你會被這些特殊圖像所吸引的原因。

4. 從圖像角色說話

心靈拼貼®最令人驚奇的部分，就是從圖像角色說話。一旦你參加了讀卡活動，見證到人們翻開圖卡、進入角色、讓他們自己的無意識浮起，說出不在預期中的話語和如詩詞般的字眼、感受到的驚喜和驚愕。這時，你就會明白我說的是什麼意思了。這些話語，彷彿是他們的想像力在自由地馳騁。當然，也不是每一次都會如此，但總有不同程度的驚奇，有的時候帶來淚水，有的時候是歡笑；有的時候會產生一聲「啊哈」，幫助靈魂補足了一個缺口；有的時候這些字眼，只是描述了一種還沒被看見，或是還沒被致敬過的心靈狀態。

卡片名稱：信心
套組：引導卡
創作者：潘 · 芮能

「我毫不遲疑地向前邁進。」

5. 從未知的圖卡當中抽出圖卡

為了達到最大的驚奇效果，很重要的是，從圖卡套組中所抽出的圖卡一定要正面朝下地放著，直到準備讀卡的時候才能翻過來（請見第 12 章的讀卡）。為了維持這樣的驚奇，不要在圖卡背面寫字，或刻意作記號，除非你是為了區分不同套組而加上去的背面色紙。不要容易地從背面認出圖卡，是為了要防止你的自我「邏輯心智」的偵探，因為它會拒絕選擇一張特定的圖卡。如果你一直使用正確的方式來諮詢你的圖卡，那麼你所有圖卡的圖像會經年累月地持續提供你方向、洞見、新的療癒和智慧的驚奇。

我誠摯地相信，心靈拼貼®的驚奇，讓我們用嶄新的眼光看待自己，同時用一種療癒的笑聲放聲大笑。然後，當我們把圖卡帶到社群，讓他們看到我們是如何笑自己的，

> 轉化的開始在於驚奇。珍惜打擾你的事物！

其他的人就會跟著我們一起大笑，也因此會看到他們自己的不足。記得偶爾要做一張滑稽的圖卡，特別是你成員能特中缺乏的部分。

這是我內在小丑中的其中一張圖卡，「安 · 索羅普女士」。

卡片名稱：安 ・ 索羅普女士
套組：成員卡
創作者：席娜 ・ 弗斯特

「我是在妳所喜愛的愚人裡的能特！他和我一起把驚奇和
歡笑，帶到心靈拼貼®的聚會，有時會以安女士的扮相出
現。」

CHAPTER 14

使用心靈拼貼®做紀錄

為你的心靈拼貼®圖卡製作紀錄

我想，你們當中，有許多人都是喜歡寫日誌的。不論你採用什麼樣的紀錄，你的圖卡都將是你靈感與主題的一種持續資源。然而，如果你想更深入探討心靈拼貼®，並且預計會製作許多圖卡，我建議你替心靈拼貼®製作一本專用的記錄本。我建議使用一本活頁筆記本，有需要時方便加頁。筆記本的一開始，每一張圖卡有著自己的介紹頁，和關於一個能特的基本說明頁。如果你採用套組歸類，就可以用套組為分類索引。稍後，我會給你這樣分類的幾個範例，但簡而言之，主要包括的資料是圖卡的名稱、屬於哪個套組、圖像的基本描述，以及你有所體驗的主要能量。描述完後，讓能特用自己的聲音回答問題，再記錄下來這些答覆。

卡片名稱：觀音
套組：引導卡
創作者：潔芮 · 博德瑪

「我致力於啟示每一個人，
啟示整體人類的人性。」

你是誰？你要給我什麼？
你想從我身上獲得什麼？
我該怎麼記得你？

如果你當時剛好有想到貼切的引用句，可以放在紀錄的最後面。

為每一張心靈拼貼®圖卡，都製作這樣的一頁紀錄。這樣可以幫助你，找到每個能特的智慧和能量核心。要記得，雖然經過幾年，這個能特可能會帶給你不同字眼的能量，每次你讀卡抽到這張圖卡的時候，它還是會說出新的想法。你並不是將這個能特用一個單獨的定義，冰封在這一頁紀錄裡，只是讓它向你介紹它自己。

你可以用很多方式和你的圖卡對話，其中一種方式就是記錄。

回答這三個問題後，你可以寫下幾句這張圖卡潛在的陰影。如果這個能特失去平衡的時候，會有什麼樣的行為？如果一張圖卡的主要能量是有陰影的，例如：「批評者」、「完美主義者」或「叛逆者」……如果它的陰影還不是很深，好像也朝著平衡的方向邁進，那麼就寫下來這個能特可能會採取什麼行動。這個能特可以如何幫助你？找出它的黃金寶藏。

隨著時間的推移，你會得到比較多的訊息，可能想要增加或改變最初所寫的頁次。這就是為什麼使用活頁筆記本的

原因之一。

這本「心靈拼貼®筆記本」的其他頁數，會有你個別讀卡或是群體讀卡時的多張紀錄。要隨時多準備幾張打好洞的活頁紙。記錄時寫上日期，將這本筆記本和你的圖卡收好，這兩樣東西會變得非常珍貴。也許有一天，你會想要跟子孫分享你的圖卡，傳給他們作為傳家寶，這些是你心理層面的故事、你的希望和恐懼。

心靈拼貼®記錄項目的範例
範例1：席娜 · 弗斯特提供一張社群卡作為示範：

圖卡名稱：九十九（社群）

描述：這張社群卡的能特是露易絲 · 沃辛頓，她向上看著、歡笑著。從她的臉和關節扭曲的手，洩漏了她的年齡，她快九十九歲了。她的照片有著「老嫗原型」的感覺。圖卡的背景是花園，因為露易絲喜愛她的花園。

圖卡的核心能量：珍惜那些中斷你的事物！用笑聲歡迎它們，歡迎它們的來臨。保持彈性。

問：你是誰？你要給我什麼？

答：我是年紀很大的一位老太太，我也是你的朋友。雖然我的人生失去許多，也有著病痛，但我還是熱愛著生命。

我保持活力，即使到現在還是對世界上所發生的事情感到有興趣。你曾經問我長壽的祕訣，就是我總是珍惜中斷我的事物。這對於你來說，我知道很困難，但是要記得它。我把這個建議當成禮物送給你。

問：你想從我身上獲得什麼？

答：我想要你有滋有味地進入老年生活，過得充實又長久。不要急著太早跨到老年生活。即使老化是困難重重的，還是要從老化的探險中學習。我想讓你看到，如果你珍惜中斷你的事物、把生活過得有聲有色，這將為你的老年生活帶來什麼樣的驚奇。

問：我該怎麼記得你？

答：像我一樣優雅的白髮會提醒你。當你的頭髮白了、皺紋多了，你都會珍惜它們。它們都是美麗的。

這個能特的陰影： 有的時候，中斷你的事物對你沒有幫助，你就必需保護你自己。這時，我的建議就是，對你沒有幫助的事物，你必須忽略它。

引用句：

我現在的靈魂和初始的靈魂一樣青春，

卡片名稱： 露易絲 ‧ 沃辛頓
套組： 社群卡
創作者： 席娜 ‧ 弗斯特

「珍惜那些中斷你的事物！」

是的，而且還要更加年輕！

事實上，我今天比我昨天還要年輕，

如果我明天沒有比今天更年輕，

我就會很羞愧。

——節錄自艾克哈大師（Meister Eckhart）

的《冥想》（Meditations）

> 也許有一天，你會想要跟子孫分享你的圖卡，傳給他們作為傳家寶，這些是你心理層面的故事、你的希望和恐懼。

範例 2：來自加州的心靈拼貼®指導員，潔芮 · 博德瑪提供一張引導卡的記錄項目示範：

圖卡名稱：觀音（引導）

描述： 這張引導卡的能特是觀音，中國的慈悲女神，也出現在許多其他的文化當中。祂被五色祥雲、楊枝、燭光所環繞，祂是「如其在上、如其在下」的象徵。

圖卡的核心能量： 記得在世界上和你個人的生命中，慈悲的力量與存在。

問： 你是誰？你要給我什麼？

答： 我致力於啟示每一個人，啟示整體人類的人性。我不間斷地回到這一世、回到這個地球，直到人性達到一種新的意識，一個有慈悲、合一、和平的境界。我帶著這個意識，把夢想與可能性投射給我周遭所有的人。慈悲是我的專注焦點與目的；我堅定地常在慈悲裡。

問： 你想從我身上獲得什麼？

答： 我來提醒你慈悲的力量，還有跟你確認它的存在。我想要你記住，並且了解，你的慈悲帶給別人的力量，特別是帶給你自己的力量。

問： 我該怎麼記得你？

答： 每一次你看到在你的花園、或是在其他的地方，有我的雕像，你就暫時停留一下，感受你的慈悲心——以及所有其他人的慈悲心。

這個能特的陰影：

慈悲的意思就是受苦，有的時候可能因為這個世界明顯欠缺慈悲，而遭受到太多的苦難，以致於感到絕望。或者，一個人對自己太少的慈悲，或是對特定的群體太少的慈悲。

引用句：

我們這個時代的激進主義，就是慈悲。

——達賴喇嘛

CHAPTER 15

個人使用心靈拼貼®圖卡

找時間做圖卡

大多數的人，在工作坊裡製作了第一張圖卡。你參加工作坊是為了瞭解什麼是心靈拼貼®，你坐在一張桌子旁邊，將一個圖像拼貼到卡片上。雖然，旁邊也有人跟你同樣在拼貼圖卡，但就在進行拼貼的當下，你感覺到，你是獨自一人投入在自己的創作過程當中。

如果你感受到這些圖卡的美麗、驚奇、可能性，那麼你或許想要自己找時間在家裡製作更多的圖卡。養成習慣，隨時從目錄和雜誌上找尋圖像。然後，有一天你會想到，該是坐下來把這些圖像做成圖卡的時候了。當靈感湧現的時候，你會不斷剪剪貼貼，直到凌晨而不自覺。通常，這些創作圖卡的時段，都是突然爆發的。平時就盡可能到處收集圖像。

卡片名稱：偉大母親女神
套組：引導卡
創作者：芭菲・瑪麗・柯立森

「我是你生命中穩定的力量。」

許多人，可能也包括你自己，發現一個人很難找到時間拼貼圖卡。如果把圖像、空白卡和膠水等用具放在手邊，也許放在書架上，可能有助於你容易看到它們，而想到要做圖卡。如果你可以找到一個也想做圖卡的同伴，會幫助你撥出一段時間一起做圖卡。或者，你可以定期約一位朋友共進午餐，一起分享在家裡製作好的圖卡。

每天抽卡

把圖卡放在家裡容易拿到的地方，不要把它們放到盒子裡或是塞到角落。也許在房間角落設置一個小小的祭壇，把圖卡放在這裡。而這裡也可以是你創作圖卡，或是冥想

卡片名稱：巴迪三世

套組：社群卡

創作者：米麗 · 笛拉德

「我就是十分獨特的自己，也是一個驕傲的傳統繼承者。」

的角落。除了超個人卡之外，其他所有圖卡正面朝下地堆疊在一起。把超個人卡正面朝上，放在這一疊圖卡的最上方。每天早上抽出一兩張圖卡，看哪些圖像是你今天的能特。我這麼做已經有二十多年了，我非常推薦這個方法。將抽出來的這兩張圖卡，放在你這一天都能看得到的地方；然後等到第二天，你抽了另外兩張圖卡之後，再將原先這兩張圖卡歸還原處。這麼做只會花一點時間。我都是在社群圖卡套組中，抽取一張圖卡，然後從另外三個套組中，再抽取一張圖卡（我每張圖卡的背面，都貼上區分套組的顏色紙張）。如果社群卡的圖卡是一個我認識的人，我就會給他／她一些特別的能量。甚至，我會發一封電子郵件，或是打個電話給這個人，讓他知道我抽到他的圖卡，我想到了他。我也會在日誌當中記錄他們的名字，這樣可以回想哪些人在什麼時候出現，當時是否發生了共時性的狀況。

為夢境做圖卡

夢境與你的能特密切相關，是很好的圖像靈感來源。如果你記得夢境的種種，你可能希望將某些強而有力的夢境圖像，合併到你的心靈拼貼®圖卡套組內。特別是要包括重複出現的圖像，還有挑戰你、打擾你或是指引你的原型形式。要找到和夢境完全一致的圖像是不容易的。但找到某些片斷圖像表現出與夢境人物相似的能量，是辦得到的。從你收集

卡片名稱：蜘蛛女
套組：引導卡
創作者：拉倫 · 李奧納

「我編織了生命之網。」

卡片名稱：蝴蝶之夢
套組：成員卡
創作者：拉倫 · 李奧納

「我夢想飛翔。但是我必須爬行過土地，從別處找到養份來支撐我自己。」

的圖片裡去找尋一些可以放在夢境圖卡上的圖像。

如果你參加夢境治療或是專門研討夢境的團體，可以分享由於做了一個特別的夢所製作的圖卡。從你的套組挑出其他能特和這張夢境能特對話，可能會發現夢境的特殊意義。你可以試著借助一個引導能特的直覺，幫你把未完成的夢境

做完，然後向治療師諮詢。甚至，你可以讓全體的引導圖卡出現，一起討論一個夢境圖像的意義。有許多方法可以運用圖卡去探究夢境，你會找到最適合你的方法。

如果你想在圖卡上增加一些你自己的藝術創作，是非常棒的。只要你覺得適合與圖像拼貼在一起，都可加上你的畫

作、素描或是照片。

你有新創另外的套組圖卡嗎？

　　有些人因為做了一些有關夢境的圖卡，因此為夢境能特單獨成立了一個套組。這麼做對於前面所談的四個套組，帶來一個全面性的疑問──到底要增加套組還是減少套組？我在此談一下這個問題。

　　套組只是一個工具，幫助你組織多面靈魂的內在部分，也協助你擴展靈魂被限制住的部分。套組幫助你記得去含括你可能從未想到的能特，這些能特帶給你很重要的「禮物」。有些人選擇完全忽略套組，不指定歸屬的圖卡。這些圖卡仍一樣強而有力，在讀卡時也會運作得很好。有些人不將同伴套組包括進來；有些人忽略社群圖卡；有些人只製作引導圖卡。我再次強調，這些卡都很好；只是，這樣會錯過了一些能特，如果有這些能特在內，將會帶來嶄新和令人驚奇的觀點。我們的靈魂有無限寬闊且多樣的部分。我們是複雜的人類！圖卡套組幫助我們更加認知，在心靈邊緣處與深層的內在部分。

　　如果你增加套組，這也無妨，但可能不是必要的，反而將套組複雜化了。夢境的能特可以適合歸屬到四個套組中的

> 圖卡套組幫助我們更加認知，在我們心靈邊緣處與深層的內在部分。

卡片名稱：光
套組：引導／成員卡
創作者：琪拉・瓊斯

「我是你永遠不會熄滅的光。我是永恆的。我無所不在。我是向日葵，有著嬉鬧的火焰，和惡作劇的愉快。」

一套，如果這個人物屬於原型，就歸屬到引導卡套組；如果這個人物是你個人故事的一部分，就可以歸屬到成員卡套組；如果經常造訪你夢境的是動物，則可能是同伴卡套組的一員。因此，我一般會建議，將夢境圖卡放到這四個套組裡面。除非，你將來會一直製作許多夢境的圖卡。

對於各式各樣的能特，我也是如此建議：特別是你曾經造訪過的特殊神聖場所、喜歡拜訪的地方等等，這些都可以放入社群卡套組；繆思可以放到引導卡套組，諸如此類。比起小分類且背面多種顏色的圖卡，以四個套組的背面顏色來識別，當你在進行讀卡時，抽卡會單純且容易許多。

製作心靈拼貼®圖卡是靜默沉思的

禱告與冥想

有靈性修行或是宗教習慣的人，可能想要找到合併心靈拼貼®圖卡運用的方法。有一位指導員使用心靈拼貼®禱告卡，介紹人們認識這個流程。在製作圖卡、為圖卡記錄、對圖卡沉思以及讀卡的時候，都視為禱告。所有的活動，也都是以禱告的方式進行。大部分時間都是靜默地進行活動。如果你希望這麼做，你可以考慮將整個的心靈拼貼®流程都當做是與神的對話。你的直覺會讓你更深入地探討，好像來自於另一個境界的觀點，它們的確如此。你會涉入一種來自心靈語言的「靈魂談話」，這是所有靈性的信念所認得並使用的語言。

對於有冥想習慣的人，當你靜默的時候，可以將超個人卡放在面前。就像你持咒一樣，專注在其中的一張超個人卡，讓圖像帶你進入沒有思維和話語的浩瀚空間。

有些圖卡會象徵性地投射到原型，和你尊崇的特定信仰有顯著的連結；它們包含著可以指引你的故事和信仰。在你每天的晨修時刻，你會喜歡抽卡後讀卡，作為你儀式的一部分。你可以使用想像力去和圖卡對話，談談你的生活。這麼做就是將心靈拼貼®併入到你特定的靈性修行當中，如果你覺得這麼做對你頗有成效，同時感覺合適的話，再決定是否要和你的宗教團體分享你的圖卡和對話。

為內在療癒者做張圖卡

當代有一些作家，教導使用直覺性的技巧寫作，做為個人的自我療癒方法。卡若萊 • 邁絲（Caroline Myss）在她的有聲書《能量剖析》（*Energy Anatomy*），教導各種方法，我們可以呼籲我們的內在療癒者，一個引導者，幫助我們自己的健康。我建議，每一個人都為這個原型製作一張圖卡，可以使用任何圖像，或是感受到最強大的神聖療癒者形象。製作這張圖卡吧，即使你目前覺得，不太需要一個這樣的療癒者。在我們每一個人的心靈某個深處都需要被療癒，套組內擁有一張這樣的圖卡，會帶給你較多有關自身健康的意識狀態。

當你直覺性地做卡、諮詢它們的能特、帶入神聖療癒者和其他的原型，和受苦的部分對話，你可能就發現了自我照顧的線索。可能是一種特別的型式去改變你的步

卡片名稱：肥胖愚人
套組：成員卡
創作者：葛謙 • 申特芮

「其實你沒那麼重！」

調、改變一段關係、改變工作習慣或是狀態——所有可能的改變，是為了讓你找到更好的身體、心理、情緒和靈性的健康。

處理健康相關問題

有一位女士曾經拿心靈拼貼®圖卡給她的順勢療法（Homeopathy）醫師看；這位醫師聲稱，她從圖卡上所得到的訊息，比病患告訴她的話語要多出很多的資訊。如果每一位醫療者，在決定如何處理病狀前，可以花點時間了解我們的靈魂，豈不是太棒了嗎？

既然這種情況不容易發生，但我們可以自助。運用我們的能特去探索身體所發生的狀況，也許是有些地方阻塞了，或者失去平衡了。我們可以學習，去召喚我們套組內的

> 我們可以學習，去召喚我們套組內的某些能特的能量，引導我們朝向一個平衡的健康。

某些能特的能量，引導我們朝向一個平衡的健康。這樣我們就可以更精確地告訴醫生，甚至可以積極地自我療癒！有一位加州的心靈拼貼®指導員，溫 · 葛立芬寄給我的電子郵件寫到：

「我剛被診斷出來又得到乳癌腫瘤。這是第三次了！第一次發現是在 1993 年，接著是 2003 年，還有這一次，2007

卡片名稱：淺水池
套組：成員卡
創作者：強尼 · 笛拉德

「我發現，我每一步去探索和體驗情緒水域的深度和廣度，我的自信和才能都因此更為擴大。」

年十二月。我現在都能算得出來我的肋骨有幾根！又回到小女孩時期的嬌小胸部很酷！

年初的時候，我做了一張癌症圖卡、一張憤怒圖卡、一張死神圖卡，當然我把我的本源圖卡放在這些圖卡的旁邊。這個週末我又做了一張癌症圖卡、另外一張憤怒圖卡和另外一張死神圖卡。然後，在稍後的一場工作坊裡，我做了一張勝利圖卡，它們帶給我很大的力量和療癒。我不再感到憤怒。我把癌症當做老師一般地感謝。我現在的生活平衡多了。」

在心靈拼貼®社群當中，溫並不是唯一的例子。許多人為了他們特殊的疾病製作了圖卡，從它們的角色說話，去發現它們想要傳達訊息的內涵。

我再分享第二個例子，是住在喬治亞州的辛希雅，她得到的是多發性硬化症。當她發現心靈拼貼®的流程，就開始靠她自己的力量製作圖卡。她寄給我一封電子郵件，寫著精彩的話語：

「患了多發性硬化症，感覺身體在脫落，或是像指甲油褪色剝落的樣子。我的靈魂也哀傷不斷，我很難面對與處理這樣的狀況。心靈拼貼®幫助我，注意到我的挫折、用一種比較健康溫和的發洩方式，記錄我的喜悅。比起過去相當低潮的日子，我認為自己變得非常正面。我是受到祝福的，因為我的生命中有太多美好的事物，而我非常感激妳的方法，使病症從礙手礙腳的絆腳石成了有益的墊腳石……我渴望去接觸其他需要希望資源的人。不僅只是多發性硬化症病患，還有其他病患，他們都需要記得一段更美好的時光和場所。我想要告訴妳，妳激發了我走出瀕死領域的動力。我開始去遺忘我是誰，不再感受我的生命彷彿要消逝了。」

你可以想像，收到這樣的一封信，我有多麼喜悅！我感謝辛希雅花了許多力氣，寄給我這封信。我希望，她持續製作圖卡，並且和其他病患分享這個流程，相信其他病患在享受製作自己圖卡的同時，會看到辛希雅本身就是個激勵人心的例子。

四個套組都有包括能特，可以幫助我們的心理、身體和情緒的健康——或是破壞它。其中同伴的能量套組特別有作用，因為你可以讓這些能特去掃描並且報告，在身體內不同的能量中心是否有所阻塞。你可以恍惚地注意到你身體的疼痛部位，然後想像那個部位的動物，帶來它們的特殊能量，給予平衡與療癒。也許你會注意到，一個同伴能特失去了能量並且疼痛著，甚至看起來死氣沉沉。這時將內在療癒者強力地帶進你的想像，用視覺冥想，讓這個能特恢復同伴動物的健康和活力。每一天做幾次這樣的視覺冥想，放輕鬆並且專注地做，會促進更平衡和更流暢的能量。

同時，也要為你痛苦的部分製作成員卡。這些可能是「盲目自我」（生理上或是情緒上）、「跛腳自我」、「哮喘自我」

卡片名稱：療癒者噴泉
套組：成員卡
創作者：瑪麗亞博娜 · 西拉貝拉

「我謙卑地伸手去觸摸時間的噴泉，在我的時代裡請求療癒。我被邀請去觸碰萬事起源的水域，並且收集漣漪所帶來的訊息。」

（生理的窒息或是情緒的窒息）、「乳癌腫瘤」、「壓抑自我」……諸如此類。這些成員份子都有一個故事或是歷史要說；它們有著特別的需要和抱怨要說出來。它們想要被辨識出來，並且給予它們自己在圖卡上的「容器圖像」。不要因為你讀過當代只注重正念的文獻，就忽略了它們。雖然正念在目前為止也是運作得很好，但我們同時也要去尋找、辨識、和擁抱我們的傷痛，以及難纏的能特。

當你為這些嚴厲和傷痛的部分製作圖卡，是有幫助的，因為你清楚地知道這些部分並不是你成員的全部，只是此刻，它們想要你的全部注意力。你的其他能特都還在，那些健康快樂的能特，隨時準備好在你的靈魂裡跳舞。

> 如果你正在接受治療，看診的時候帶著你的圖卡，從圖像裡讀卡。

將心靈拼貼®做為心理治療的工具

榮格喜愛煉金術，他所發展與執行的個案心理治療過程，就真的是一種內在煉金術的形式。他的學說是這樣的：「臨床醫師與病患要合作分析出個案的人格部分，檢視並了解這些部分，然後幫助它們整合，回到一個嶄新、完整的人格。」在這個新的形式裡，「心理劣勢」轉化成了「黃金寶藏」。但是，如果過程中沒有努力地析出與檢視，這個轉化則不可能發生。

卡片名稱：對我而言，所有生命都是神聖的
套組：成員卡
創作者：瑪麗亞博娜 · 西拉貝拉

「我像太陽一般從你裡面升起。」

強調「許多」和「一」的心靈拼貼®，是你個人心理治療的一個絕佳工具。如果你本身是心理治療師，這也可以把它當做一個心理治療的工具。心靈拼貼®培訓講師，同時也是臨床醫師的瑪麗亞博娜 · 西拉貝拉，她提到幾句話。她說，當個案達到一種完整的感覺，合併與轉化就會發生：

「心靈拼貼®在本質上，原本就會招邀這個豐富流程的揭露，但如果刻意或是有意識地傾向於治療環境時，它的潛能就被擴大了。由於此處並不是檢視為何如此產生的細節，我回想榮格所重複提到的，圖像定義了心理的本質。因此，就如同榮格所說，活躍的想像力潛入循環的、永恆的內在世界領域，並且有組織地游進深水之中，來解放我們的綑綁。心靈拼貼®是活躍想像力的非凡運輸工具和鍋釜。它的做法產生豐富地轉變，不僅啟動了新的可能（新的姿態、知覺、信念與思維過程），也強化了既有的能量，更同時釋放了創傷的反應模式，並且轉化了陰影物質。交織著圖像以及『右腦』的語言，心靈拼貼®帶來新的意義範疇，以及打開了新的創意世界去探索。」

如果你正在接受治療，看診的時候帶著你的圖卡，從圖像裡讀卡，去體驗看看這是不是一個有價值的工具，可以析出與整合你的心理。

處理上癮問題

有些心靈拼貼®指導員本身也是臨床醫師，將心靈拼貼®介紹給有上癮問題的個案，都有很好的效果。以下是一位奧勒岡州的臨床醫師和心靈拼貼®指導員，蘇絲·沃爾夫的相關報告。

大多數個案因為錯誤的身份認同問題，而遭受藥物依賴的痛苦。他們混淆在身體的「上癮自我」和「真實健康自我」。這種發生的模式，讓藥物和酒精提供了過多的多巴胺，逐漸蒙蔽了真實的自我。因為日復一日的過程並不明顯，因此大多數的人都沒有認知到這個詭計……。

心靈拼貼®成為救星，它可以將贊成藥物和酒精的聲音外顯出來，還有顯現支持這些上癮的所有行為。更好的是，如果使用熟練，心靈拼貼®同時可以幫助每一位個案找到並強化健康的自我。

大多數的個案隱約知道他們使用藥物和酒精，造成了一些問題，但是他們經常淡化這些對他們生活的影響。然而，當個案做了一些「哄騙的男人」、「銷售小姐」或是「哄騙的藝術家」的這些圖卡，他們開始不需要帶著瑕疵和批判的眼光，去看清楚是誰和是什麼在為他們思考。

有了這樣的幫助，個案取回他們腦袋中個人「企業」的總裁位置。做卡和讀卡的行為，發展了健康和觀察自我的技巧。於是，個案就成為自己生命當中有力量的觀察者，而非旁觀者。他們認知了自己有個棘手的常任董事會成員，像是「哄騙的男人」或是「壓抑的人」，學習去管理這些角色。個案也學會認得「哄騙的藝術家」的「忠告」，注意到這樣下去它終究會領導，並且找到適當行動，成為「董事長」。

心靈拼貼®有獨特的力量，可以幫助個案從邏輯思維的「重力井」發射升空，再將個案放回駕駛座。圖像有持續的力量。文字被遺忘之後，圖像仍然保留並且持續運作著。

雪莉是一位迷人又聰明的三十三歲女性，正處在酗酒問題的初期恢復期間，有一天早晨被醫師的電話叫醒，警告她有了肝臟的問題。她為她的「哄騙的藝術家」做了一張圖卡，然後訪問她：

「我說放輕鬆，好好享受。只有一杯沒有問題的。有誰會知道？只有白痴才不會處理酒精問題，妳又不是白痴。跟我走吧！妳以為不會走到哪裡去，但跟著我，我們會發現新領域、結交新朋友、嘗試新的經驗。放輕鬆吧！」

雪莉發現，她的「哄騙的藝術家」會鼓勵她去「只是看一下」店裡的酒瓶，「測試她的力量」，而沒有認知到這是一種催眠誘導的滑坡，讓她麻木，沒早點注意到復發的警告標幟。

> 心靈拼貼®可以提供一個安全和創意的方法，讓無法用言語表達的族群可以分享他們的心得。

卡片名稱：避難所
套組：引導／成員卡
創作者：拉倫・李奧納

引導卡：「我用我的樹根膝部裹住裸露的你。我的避
難所是一個安全和神聖的地方，用來保護你不被捉捕
和受到調戲。」

成員卡：「我感到赤身裸體和害怕。我來到避難所尋
求保護。」

心靈拼貼®做為無法言語表達族群的工具

心靈拼貼®對於無法用言語表達的人們，是一個很棒的
工具，可以幫助他們開始談論自己。一位在診所協助青少年
的治療師，遇到一個十六歲的女孩拒絕跟治療師提高聲量地
談話。但是，這個女孩卻非常喜愛製作有力量和內涵的圖卡，
而且她還寫了許多有關圖卡的文字，常常用詩的形態來表
現。透過心靈拼貼®，她找到了一個安全和有創意的方法表達
自己。

另外一位住在加拿大安大略省的心靈拼貼®指導員，凱
薩玲・艾博力，她是協助團體到家服務的工作者。下面是
她分享一位個案的故事：

安妮有腦性麻痺，因此說話很困難。我們要花許多時
間和耐性去了解她的表達，特別是在她憂鬱和難過的時候，
溝通會消耗掉她許多的精力。在一次心靈拼貼®工作坊裡，
安妮拼貼了一張圖卡，她將它命名為「躲藏」。這是有一個
人在很深的洞穴裡的圖卡。洞穴很黑，只有從礦工帽上的照
明燈傳來的一點光。當護理人員看著安妮的圖卡，唸著「我
是……」的句子時，她們可以給安妮需要表達的時間，且是
採用一種尊重她想法的方式。這張圖卡讓安妮可以合意，並
與其他人有效地溝通。運用圖像激發她的想法和感覺，並且
寫下這些過程，安妮在這張圖卡的岩石上發現了一張臉，正
在看著她。安妮覺得她不再感到孤獨。

卡片名稱：我在這世上的處所
套組：成員卡
創作者：瑪麗亞博娜 · 西拉貝拉

「我學習到，不論我看起來是多麼微小、灰暗、非常微不足道，在這個世界上，總會有一個可以讓我安身立命的處所。」

有些人認為自己沒有什麼話好說的，像是害羞、口吃、找不到適當的字彙，通常卻可以製作圖卡、從圖卡角色說話，這些是他們從未想過可以辦到的方法。當一個人從自我能特的舊有限制當中踏出來，進到一個全新不熟悉的圖像，突然間可以用一種新的自由來說話。也許是右腦現在可以清楚說出感覺，而這是左腦完全無法辦到的事。許多治療師使用拼貼當成協助個案的工具之一。心靈拼貼®的不同之處是小張卡片的拼貼，貼在厚卡上容易攜帶，並且可以保存起來做為一個提醒，也當做是一個安定的錨。可以像安妮一樣，一再使用她的圖卡，當做一個快速溝通的方法。

詩文

　　住在加州的凱琳 · 魯賓，是心靈拼貼®指導員、生活教練和教師。她發現，在高中教室使用心靈拼貼®流程很有幫助，青少年直覺性地從他們的圖像說話時，她會為他們記錄。有一位年輕男孩說完話之後，再聽別人複誦他剛才所說過的話，然後叫著說：「我都不知道原來我是一個詩人！」這是多麼了不起的體悟啊！這是一種大多數人從未領會過的覺知時刻，而這個男孩用直覺和想像的說話，找到了它。聽到複誦的這份禮物，為他打開了一扇新的窗戶，認知到他是誰，將來會成為什麼樣的模樣。

　　如果你自己在家裡操作圖卡，就沒有記錄者可以幫忙，

卡片名稱：雲端之上
套組：成員卡
創作者：凱里雅・泰勒

「我可以從沮喪和不明的狀態升起。」
那天早晨
山玫瑰盛開
未曾被烏雲遮蔽

除非你選擇使用錄音設備。但是一邊想一邊寫下來也是可以
辦得到的，這也是一種很棒的練習。不加思索地寫下想法，
不要讓你的「內在批評者」讓你離題。你會發現，用直覺從
圖像裡說話，通常很有詩意。稍後你可能會想要花點時間，
把這些話語轉換成一首詩的形式。

一群人正使用圖卡進行心靈拼貼®的流程
攝影者：凱薩琳・安德森（2008年）

從一堆圖卡當中找出主題與模式

隨著圖卡數量增多，你可以決定一次將所有圖卡都擺
放出來，看看你自己的演進，看看自己所有片斷的靈魂組合
搭配出的主題和模式。你可以挑選生日或是新年時這麼做做
看。有許多種方式擺放你的圖卡，這裡提供其中的一種方式：

把超個人卡放在正中央，象徵有著神聖之謎的「一」。
再將最有力量的引導卡，繞著超個人卡擺放成一圈；然後將
原型圖卡，從圓圈中央像放射線般排出一條條的圖卡。讓其
他能特的能量，自行決定它們想要歸屬在哪一條圖卡放射線

上。

舉例說明，接在「創造者」圖卡的後面，第一張可能是排放第二脈輪，或是第五脈輪的同伴圖卡。接下來要放的圖卡，可能是一系列的社群圖卡，像是老師的圖卡，曾經激勵你並且支持你的創意。接著，再放的圖卡，就是喜愛創作的成員能特，像是「藝術家自我」、「音樂家自我」、「設計師自我」、「作家自我」等等。

另外一條放射線的圖卡，就可以放置引導圖卡。「偉大母親」圖卡的後面接著心輪的同伴動物，接著是社群圖卡的「撫育者」，像是你的歷史上的「母親」、「祖母」或者「德瑞莎修女」。最後擺出你的「內在撫育者」的成員圖卡、「育兒自我」、「管理者自我」或是你的「好廚師自我」。注意圖卡出現的模式，看看哪些圖卡可以歸類在同一個屬性。仔細觀察重複出現的象徵和主題，是否突顯了某些屬於你的獨特靈魂本質。如果你和朋友一起操作，你們可以輪流擺放自己的圖卡，一起觀察，一起欣賞圖卡所出現的模式、主題和關聯性。

向心靈的拼貼致敬

對著骨頭唱歌

在第 1 章我介紹過「狼女」的故事，那是克萊麗莎・平蔻拉・埃思戴絲所寫在《與狼同奔的女人》一書裡的。因為這個故事，介紹給我一個強大而喜愛的引導圖卡，我稱呼它

是「對著骨頭唱歌的歌者」。這個原型一直是心靈拼貼®流程的主要靈感來源。

愛爾蘭的一位心靈拼貼®培訓講師，伊梅達 • 瑪開爾，也同樣受到這個原型的攫取，她寄來一段美妙的文字，描述它如何擺放她所有的圖卡，然後對著它們「唱歌」。

我淨空我客廳的地板，正中央放置我的本源卡、靈魂本質卡、狼女卡和一張剛做好的圖卡，我叫它「進入黑暗之地」，不過我現在改了它的名字，叫做「英雄的旅程」。然後依著直覺，將所有圖卡圍繞著中央的這幾張圖卡，像太陽光芒放射一樣，一張張擺放在地板上。放好最後一張圖卡後，我坐下來凝視著面前的圖卡。這些骨頭都聚集在一起……有了生命。真的有了生命。有些圖卡就像是韌帶和肌腱，支撐著其他的圖卡。有些圖卡自然地聚合，很像肋骨和椎骨。我拿起筆記本寫著：

> 「這個女人看到一根接著一根的骨頭，各安其位地擺放著。她的方式，沒有所謂的『錯』、『遲了』、『慢了』。」～ I.M.

時候到了，這個女人看到一根接著一根的骨頭，各安其位地擺放著。她的方式，沒有所謂的「錯」、「遲了」、「慢了」。該是聚合這些骨頭的時間到了。

她準備好要將生命唱進這些骨頭，她準備好了，因為她早就學會了怎麼唱歌、呼吸和哭泣。她準備好要進入黑暗之地，然後再一次出現，因為她已經能夠看到自己的心、因為她已經可以拿掉面具、因為她已經花了時間去觀照一切、因為她已經懂得愛的死亡、愛的損失、因為她學會了如何去愛……。

於是，她來到生命之地，她看到她的懷疑和痛苦，是她的喜悅和舞蹈的姊妹。她看到許多來自宇宙的禮物，像是禱告、歡樂、古老智慧、天使的保護、姊妹的情感。她看到自己被握在神的手掌心。她看到自己被許多的愛、音樂家和藝術家的禮物包圍著；她看到兒童之火被「火的承載者」和「神祕小孩」保護著。她看到所有的時間就是現在。就是此時此刻。她看到自己一直是被祝福的。她是充滿感激的。她掉下眼淚。

我和所有的圖卡坐在一起，共度了很長很長的時間，我一直播放的輕柔背景音樂，開始轉換成有節奏感的韻律，吸引我站起來跳舞。於是我和我的圖卡一起跳舞。我和狼女一起跳舞、我和聚合的骨頭一起跳舞、對著它們唱歌，真是美好！

我想你看得出來，伊梅達也是一位詩人！

CHAPTER 16

群體使用心靈拼貼®圖卡

社群可以深化經驗

你第一次接觸心靈拼貼®的經驗，也許是在由心靈拼貼®指導員所舉行的入門工作坊。在當中，你製作了第一批的圖卡，和其他參加者分享並使用這些圖卡，練習「我是……」的流程。或許，你是在參加某次聚會的時候，選取過一個強而有力的圖像，用它做了一張圖卡。無論如何，當時這一次的心靈拼貼®經驗，讓你買了心靈拼貼®的書和空白圖卡帶回家。然後，你發現要由自己一個人繼續這個流程。

依照過去多年的經驗，我們發現，如果是一群人一起進行心靈拼貼®的流程，比較能夠持續製作圖卡和探索內涵。心靈拼貼®圖卡本來就該與別人分享！翻出圖卡、從圖卡的角色說話的這個流程，如果有其他夥伴當你的觀照者、

卡片名稱：蘿蘋・凡・朵蓮
套組：社群卡
創作者：席娜・弗斯特

「我們一起生活並創造所有的可能性。」

記錄者、欣賞你的圖卡，是更具有意義的。同時，群體往往會幫助你找到勇氣，可以更深層地探索你的圖像。

所以，去加入或是發起一個社群，也許是可以定期聚會的二～八個人。這麼做可以讓你保持初心，持續熱誠地進行心靈拼貼®的流程。如果你不知道其他人是否有興趣一起參加社群，可以在網路上尋找這樣的同好。在我們的官網上有相關的資訊：www.soulcollage.com。

這一章我們要探討，個人將心靈拼貼®的練習，整合到不同的群體的幾個作法。這些群體可能是既有的團體，例如：教會團體、支援團體、藝術創作團體、或是朋友之間的聚會團體等等；也可以是為了分享這個流程，而聚集

蘇絲 · 沃爾夫正在尋找圖像

陌生人的一個團體。

持續團體的一般模式

假設你已經找到幾個人，準備開始分享你所發現的心靈拼貼®這個有趣的流程。一開始聚會的時候，不要先做很多的解釋。因為，會吸引人們的是直接動手做、創意的經驗。人們一抵達場地，就讓他們去挑選你事先撕好的一些圖片——這些圖片是包括跨年齡層的人物、各種臉孔和不同身體姿態的一大疊圖片。準備圖片的時候，不要將人物從背景上剪下來，也不要做主題分類。只要把撕下來的圖片散放在桌上或地板上就好。

如果人們剛抵達時，沒有立刻選擇圖片，就等你準備開始的時候，給大家五分鐘的時間去選取對

> 心靈拼貼®圖卡本來就是應該和別人分享的！

他們自己有所感覺的圖片；不需要給太多的解釋；只要說「去找那些你感受到吸引你的注意力，或是有力量的圖片。」

然後讓大家圍坐一圈，即使他們彼此認識，還是讓大家互相介紹。介紹時先說自己的姓名，然後用「我是……」的流程（請見第 11 章）。直接從一個圖像角色說話。你自己可以先示範如何做。接著讓每一個人都輪流照樣介紹，不要評論或是提出問題，而打斷了他們的說話。如果他們開始離

題去談論圖片，可以稍微提醒一下。如果他們不會做，不要勉強他們。有些人對於角色扮演是有困難的，需要多加練習。

這個起步的經驗，清楚地展示了心靈拼貼®的三個中心元素：圖像、想像力、和直覺。輪流介紹完以後，你可以選擇談一下這個流程、分享這本書、簡單地介紹套組、或是引導一個視覺冥想，去找到一個脈輪的動物。可以播放「心靈拼貼®介紹」的 CD，裡面有我錄的視覺冥想引導話語。另一種方式，你可以讓大家直接用所選的圖像製作圖卡。以上的方法不分順序，都可以執行。不過，我再一次強調，不需要說太多話。這是一種右腦的活動，特別是在一開始的時候，因為文字和話語會太早運用到左腦，所以先保留理論和解釋，等到人們準備好接受的時候，再順著他們的需求漸次地說。

現在，假設一個團體已經持續地製作圖卡，並熟悉流程有一段時間。這樣的一個心靈拼貼®群體偶爾會決定，挑一天的幾個小時聚會，有充裕時間可以各自瀏覽成堆的雜誌、選擇圖像、製作圖卡。中午時段，可以請大家各帶一些菜餚一起分享餐點，午餐之後，再聚集大家使用「我是……」的流程，從這些剛製作好的圖卡角色說話。最後，需要保留一長段時間做讀卡的活動。如果你的群體有六個人以上，你可以分成三、四個小組，讓每一個人都有足夠的時間，抽取三張或四張圖卡做讀卡。結束這一天的活動前，將所有圖卡擺

一群人正在製作心靈拼貼®圖卡
攝影者：凱里雅‧泰勒

放成一個圓圈一起分享。

另一種心靈拼貼®的定期聚會模式是，每週舉行一次或是一個月舉行一次到兩次，每次兩到三小時的時段。聚會的時候，大家將自己在家裡製作的圖卡，拿出來練習並且分享，然後檢視上一次聚會時的讀卡記錄，詢問是否有人注意到這段期間內有共時性的發現。

聚會的下半場，大家會再問一個新的問題，然後再一起做讀卡。如果在場有一位受過訓練並收取指導費用的心靈拼貼®指導員，那麼指導員就會引導整個流程而自己不讀卡。

指導員可以選擇，由他擔任每個人的記錄者，或是分配任務讓大家輪流記錄。如果沒有邀請指導員參加的群體，就要每次讀卡，指定一個人在旁邊指導、一個人記錄、另一個人讀卡。也要找一位負責佈置場地和桌椅的人，擺出有種儀典的感覺，並且減少被外界干擾的因素。很重要的是，參加聚會的每一個人，都仔細研讀過心靈拼貼®讀卡的方法，也了解做為讀卡者、觀照者、記錄者和指導員的角色（見第12章〈諮詢你的心靈拼貼®圖卡〉）。有關心靈拼貼®指導員訓練（見第19章），會更深入探討在讀卡時會發生的經驗。

專題、節日、慶典的聚會

有一種和定期聚會不一樣的方式，是選擇一個套組或是一個專題做為聚會的主題。靠近感恩節的時候，讓大家製作一張感恩圖卡會很有趣。這張圖卡可能歸類到成員卡的「感恩的自我」，這是我鼓勵每一個人都應該要有的能特，或是這張圖卡當做一個原型，歸類到引導卡套組的「感激」。

聖誕節或是冬至

在聖誕節或是冬至之前，可以舉行「聖嬰」的原型，或是「耶穌降臨」等專題的聚會。另一個可行方式，是找一天將你在節日所發生的正面和負面的能特，製成圖卡。可能會有「慷慨的自我」、「快樂小孩」、「好廚師」；或者是比較有陰影的能特；像是「過度花費者」、「守財奴」、或是「上癮」、「快被壓倒的媽媽」等等。每個人會探索屬於自己的能特。其他的節日可以建議做其他的專題。

生日

大家幫壽星慶生的方式，可以將壽星的圖卡擺放在地上，每個人繞著圖卡觀看著這些圖卡所揭露的模式。壽星可以用他／她的直覺來協助找到主題。

社群套組和祖先

有的時候，你可以從四個套組中選出其中一個套組，讓大家專注在屬於這個套組的能特。華盛頓州西雅圖市的心靈拼貼®培訓講師，諾麗・芮明頓告訴我們，她花了好幾個月的時間，指導一個團體專注在社群圖卡套組。聚會的部分時間，每一個人要製作個人的祖先圖卡，以及透過血統傳遞到現在的影響。所有參與的人都覺得這是最值得花時間專注的主題（見第6章的最後一段，諾麗・芮明頓的相關報告）。

同伴

你可以專注在同伴套組，進行視覺冥想，將七個脈輪的每一個脈輪，做一系列連續的工作坊。在視覺冥想之後，加入音樂和身體的活動，幫助你體會身體內能特的能量。然後

再製作圖卡。

慶祝幽默

　　找一天專注地製作幽默的圖卡，特別是成員圖卡，這又是一個很棒的點子。希望這樣的一天可以帶來歡笑和趣味，同時幫助人們可以輕鬆看待某些討厭的能特。

治療團體

　　個人或團體的執業治療師，非常適合採用心靈拼貼®。事實上，我發展一套仰賴「內在療癒者」多於外部指導員的結構之前，在1990年代初期，我的原始設計方法，就是將它當做我從事心理治療的一項工具。我讓我的某些個案製作圖卡和讀卡，也用在小型治療團體。這些團體的其中一些群體持續多年的聚會，實驗並塑造了這本書所描述的流程。

　　目前，有許多心理治療師、藝術治療師和生活教練也都接受訓練，成為心靈拼貼®指導員，將心靈拼貼®整合到他們的工作。有一位北加州的心靈拼貼®指導員，蘇·葛博說得很好：

　　「心靈拼貼®是一種有趣和友善的方法，將我們一片片地拼貼回到完整⋯⋯每張圖卡的意義都是個人化的，並且與時俱進，將我們長久以來遺忘、或是有時拋棄的自我和個性再度連結，顯化了我們無法命名的多面向，了解我們是誰，

米萊恩·葛伯格（上方）和瑪麗亞博娜·西拉貝拉（前方）一起研究一張圖卡。

甚至知道我們將會成為什麼樣子。」

　　在治療和輔導實務上，成員套組和社群套組是最明顯的選擇。這些是我們稱呼「水平線」的套組，或是「個人故事」的套組。它們的能特，來自於演進的個體個性，和支援它們的社群。將個性分離出角色、確認這些角色、再做角色扮演（成員套組），這些都是許多治療模式的慣用作法。確認個案身邊的支援系統（社群套組）也是治療和社會工作常用的方法。

談話療法裡使用心靈拼貼®的圖像視覺元素、從圖像角色說話的直覺元素，還有可以拿在手上觸摸的元素，當做安定的錨。當然，藝術治療師早就這麼使用許多作法了。像這種具有想像力的方法，可以將右腦帶入療癒的流程，讓負責說明、詮釋、解決問題，屬於認知性的左腦，得以平衡。

如果是一位使用榮格模式的治療師，或是一位靈性諮商師，引導套組就會比較重要。引導圖卡套組是存在於靈魂垂直線的原型形式，將個人的故事連結到比較大的故事。當一位個案辨認出在他自性裡某些看不見、卻普遍運作的能量，他／她就更能認知深層的模式和不斷的熱情。這樣，可以幫助個案找到超越眼前瞬間的意義。透過神話和隱喻，精神痛苦和混亂都可以合理解釋的時候，這種經驗會是很大的療癒。

有一些心靈拼貼®指導員，同時也是臨床醫師，在診所和醫院，對嚴重的精神病患使用這套流程。有的時候這套流程很有用；有的時候未必合適，但它經常是一種整合的工具。有一位維吉尼亞州的心靈拼貼®指導員，蘿蘋・庫柏－史東談到她自己的療癒過程，以及心靈拼貼®是如何幫助她的：

「當我製作的心靈拼貼®圖卡『說話』，創傷就開始無法駕馭我的生命。我相信如果無法想像，就無法療癒。找到圖像的這個行為，把創傷帶入靈魂的境界。在那裏，創傷可以被正視、協同運作、被包容，以便最後創傷失去它令人害怕、如神一般的力量。這是整合的一部分；創傷逐漸成為只是許多人生事件的其中一件，而不是控制我們生活的主要事件。」

這是一段美麗的敘述，表達圖像可以幫助許多的部分整合到自己的自性，而圖像仍然清晰地保留著當做回憶和事件。這些創傷並不會離開，但透過被指認，然後被包容，每一樣都被框在一張圖卡內，它們就失去了像神一般的力量。蘿蘋・庫柏－史東繼續告訴我們她使用心靈拼貼®的經驗：

「我主張製作圖卡來表達創傷和創傷的面貌。我所看過心靈拼貼®圖卡描述的創傷範圍很廣，從兒童受害、瀕臨死亡的疾病到離婚的議題。我也看過圖卡描述了創傷症候群和錯亂的問題，像是創傷後壓力心理障礙症。圖卡也同時被當做工具，協助這些議題：遏制、定心、接地，正念等等。」

許多心理治療師、藝術治療師和生活教練，將心靈拼貼®整合到他們的工作。

宗教或靈修團體使用心靈拼貼®

雖然心靈拼貼®一開始是運用在團體治療，但是多年來我們發現，當虔誠地操作心靈拼貼®的時候，它也是一種深度的靈性修練。有一位身兼治療師的指導員說：「心靈拼貼®是一個神祕的神聖門戶，我們稱為上帝。療癒成為美麗與自

卡片名稱：老鷹／心靈拼貼®禱告卡
創作者：瑪珠芮 · 荷耶-史密斯

「我在你的靈修旅程中保護你。我乘載著你的祈禱，帶給你力量、勇氣和智慧。我看到天堂和地球的總體模式，在物質與靈性之間的交織連結。在你進入三度空間的神聖旅程，我給你尊嚴和恩典、力量和氣勢。」

在的恩典。」

　　對於信仰者而言，乍看之下，與強大和神祕的圖像對話，似乎是屬於異教和不安全的，但其實不然。有許多安全的心靈拼貼®方法可以適合大多數的宗教團體，只要這些團體不反對圖像與藝術。有時候，只要更改一點詞彙，向人們保證，這不是神祕的練習，而是一種自然的、直覺性的流程，可以更深化靈性與團契的經驗。心靈拼貼®可以引領我們的靈魂，有著真實喜樂上帝的經歷，因此我希望你繼續閱讀，看一看是否答覆了令你擔憂的問題。

　　有一位加州的指導員，瑪珠芮 · 荷耶－史密斯，同時也是一位長老教會的牧師。她將心靈拼貼®帶入連續性的禱告，稱呼這些圖卡叫做「心靈拼貼®禱告卡」。瑪珠芮通常的作法是不區分套組，只是單純請大家尋找圖像、製作圖卡和個人單獨記錄、然後再一起團體讀卡。下面是她的說明：

　　「從一張心靈拼貼®禱告卡的觀點來說，選擇圖像、製作圖卡、記錄、沉思、分享，全都是禱告。舉個例子，在選取圖像和製作圖卡的過程都是在靜默沉思中進行；『讀卡』和『記錄』也是沉思的禱告；『詮釋向度』是在人類身／心／靈的深處，就是夢境和智慧的出處，在我們的意識之下，知道我們內在自性與上帝的神祕相遇……沉思的禱告可以進入更深的一層；與另外一個人分享生命故事，彼此就成為『聖潔的傾聽』與『聖潔的見證』。」

卡片名稱：本源
　　　　　超個人卡
創作者：南西‧威斯

依照這位牧師／指導員所說，整個流程從開始到結束都是禱告。大多數的過程都是在靜默中進行，有些則是與神的對話。將心靈拼貼®紮根於禱告，是邀請有信仰的人踏入一個安全所在、一個神聖的地方，去探索他們已知和未知的部分——這些都是他們在其他狀況下都不會面對的部分。禱告召喚人們，請他們進入上帝所在的神祕與信心。

對於教會、教堂、或是聚會所這些持續性聚會的團體，製作一套信仰或是靈性相關的圖卡套組，很容易成為一個聚會的重心。聖經上的人物和你自己的祖先、家人、和朋友的圖卡，都可以歸類到社群圖卡套組。你所選擇的人物，是因為他們的行為、勇氣和話語深深地吸引著你。可能是猶太教基督教的傳統，如路得或是以斯帖；抹大拉的馬利亞或是聖母瑪莉亞；有些人想要包括其他的人物，像是摩西、大衛、以賽亞、彼得或是約翰。這些人物的圖像，可以在宗教性的雜誌中找到，也可以選擇代表這些人物比較現代化版本的圖像。每當你在讀卡時，抽到其中的一張圖卡，你會感受到這位歷史人物的能量，祂所提供給你的能特會啟發你的答覆。

你的引導圖卡套組內，會包括你所敬拜上帝屬性的象徵圖像，也是你經歷過最深刻的圖像。或許你會有一張「創造者」面貌的心靈拼貼®圖卡、一張「聖父」或是一張「聖母」的圖卡；有些人想要有描繪「上帝教師」或是「立法者」的圖卡；有些人想要製作「佛陀」、「觀音」、或是印度教萬

神殿的眾神圖卡。可以一直開列圖卡的名單，這些都將成為你的引導能特，和其他「哀傷」、「死亡」、「感激」、和「轉型」的原型在一起。到最後，即使手裡沒有握著這些圖卡，這些圖像都會活生生地住在你的靈魂裡，對你說話。它們會引導你、滋養你和激勵你。

哀悼時使用心靈拼貼®

早在 1990 年代初期，潘‧康塞夫斯就參加了我的第一個女性團體。她帶著她的一群能特圖卡，定期參加聚會。即使後來她得了胰臟癌，也是按時來聚會。她在患病的三年期間，面對她可預見的死亡，持續製作圖卡、運用圖卡。過程當中，她為「死神」製作了一張全新、充滿希望的圖卡，取代了生病前所做的一張冷酷的「死神」圖卡。潘使用了幾張她的圖卡，和她的牧師與朋友們溝通；透過圖卡說話，幫助她容易表達她的情緒。在潘的告別式，我們將她所有的圖卡展示給大家看。我們明顯感覺到她的存在，特別是多年來我們這一群聽著她讀卡的人，感受特別強烈。

潘過世以後，我們一再發現，心靈拼貼®陪伴著處於悲悼的人，一起走過這段歷程，是非常可貴的。對於瀕臨死亡的人是如此，對於週遭的家人、朋友、和照顧者更是如此。多數時間我們會坐在病患旁邊、等待著、聊聊天——有時候

> 心靈拼貼®對於處於哀悼的人非常可貴。

單獨一個人，有時候有人陪伴。這段陪伴的時間可以尋找圖像、剪剪貼貼、製作圖卡。可以找些舊照片或是其他圖片，追憶過往；對於難以分享的情緒，可以透過象徵來製作圖卡，有些圖卡也會帶來療癒與希望。

目前，有許多位心靈拼貼®指導員從事臨終關懷工作，有的是行政人員，有的是志工。這些工作者都是由一位女士，蘿伯塔‧魯克所訓練出來的指導員。她是馬里蘭州切斯皮克安寧病房的喪親協調員。她說：

> 「在臨終關懷與喪親之痛的工作領域，心靈拼貼®圖卡有無盡潛能的使用方法。對於臨終的病患與家屬，拼貼可以當做一種有力量的工具，幫助他們做生命的回顧，以及面對失去與死亡的溝通。面對最後一刻的來臨，心靈拼貼®引導圖卡，可以提供靈性反省與安慰的聚焦圖像。最後，拼貼的製作，透過主題與話題的圖例，可以幫助喪親之痛的歷程，例如傷痛的感覺、替心愛的人的祝禱與彼此的關係、未來的方向和可能性，以及恢復希望。藉由所有的本源落實接地、或是由圖卡反映出療癒與成長的潛能，這些有著明顯『黑暗』與『陰影』的圖像，能夠因此而得到平衡。做為一位臨終關懷為主要服務對象的領導者，運用心靈拼貼®，可以指導病患，面臨人生最重要的議題——向過世的人致敬、調適刻骨銘心的變化、以及面對最後的挑戰等等，有一個可以表達與溝通

卡片名稱：冬季冰河
套組：引導卡
創作者：拉倫 · 李奧納

「我為生命帶來寂靜，我讓氣息安歇、將氣泡凍結在我的表層下。」

的機會。」

另外一位馬里蘭州的心靈拼貼®指導員，拉倫·李奧納，因為本身從心靈拼貼®獲益良多，所以後來參加訓練，成為心靈拼貼®指導員。她願意在此分享她的痛苦故事，以及幫助她度過傷痛的一張圖卡：

「經歷過兩次家人突然去世的創傷，我前往臨終關懷中心尋求協助，有一位諮商人員允許我使用自己的圖卡流程。幾個月的談話過去了，我察覺到自己缺乏力量和勇氣，變得非常脆弱去面對這種災難性的損失。蘇美神話的伊南娜(Innana)，以及她進入地獄的旅程，提供給我一個原型的人物，臣服於心理上和情緒上的防衛。在她的故事裡，我找到代表勇氣的隱喻，即使一路下降到死亡的黑暗、損失和哀悼，我始終可以握住一個把手。」

我要再重申一次拉倫所說的話，因為這幾個字說明了心靈拼貼®如何運作在心理層面：我發現代表勇氣的隱喻，就是一個可以握住的把手。這種圖像在古老神話中，是經常出現的隱喻，給一個把手，是代表一個有意義的大故事，反映我們的個人故事。古代蘇美神話的伊南娜，她是天堂的皇后，穿過殞命的七道門墜落到地獄，是偉大力量的神話，每一個人都會經歷到這樣不斷的損失。這個神話似乎結束在伊南娜的死亡，但三天之後，她又充滿力量地復活了。因此這個故事成為希望的隱喻。見拉倫的「冬季冰河」圖卡。

蘿伯塔・魯克繼續談論，心靈拼貼®如何幫助臨終關懷的工作者以及他們的個案：

「對於服務臨終病患家屬的工作人員，他們自己創作心靈拼貼®圖卡，可以釋放因為工作而產生的情緒與身體的壓力，提供了一種反映生活上平衡情緒的流程，也提供了一種方法，可以再度重溫熱忱，往往這就是他們靈魂深處，服務瀕死和喪親之痛的原因所在。」

加州的心靈拼貼®指導員，琴・懷斯，報告另一個經驗，是她將心靈拼貼®，分享給一群由多種族組成的臨終關懷的照顧者群體。

「這真是一場極端多采多姿的混亂！我勸告他們在拼貼時要保持神聖靜默，他們卻回報我完全的遺忘（他們大概低聲交談了五分鐘，然後一群女人，無法遏制她們的熱忱，彼此踴躍地交談和大笑）。到了最後，每一個人都輪流分享完自己的拼貼，也都給予對方熱烈的鼓掌。之後，我們讓每一個人用自己國家的母語，做節慶與新年的祝福。這些語言有：日語、廣東話、越南話、菲律賓語、西班牙語、塞爾維亞 - 克羅埃西亞語、波蘭語、三種非洲話、英語、華語和東加語。我敬畏他們所展現的多元性。」

有許多位指導員將心靈拼貼®帶進臨終關懷工作，服務瀕臨死亡的人、以及他們週遭的家人、朋友和照顧者。

工作相關團體

有幾位指導員將心靈拼貼®帶進他們的職場運用。他們發現，即使只進行一、兩個單元的活動，也可以讓彼此之間有更多的了解與溝通。如果現代科學研究是正確的，那麼更多的右腦活動，可以幫助忙碌的左腦更加平衡，讓壓力有更好的出口。在現代的工作環境，這樣的活動會幫助我們更國際化與創意的思考。我介紹你一本讀起來津津有味的書，就是丹尼爾・品克（Daniel Pink）的《未來在等待的人才》（A Whole New Mind），談論到更多有關這方面的轉變，以及職場的需要。

有一位紐約市的心靈拼貼®指導員，拉笛雅・哈潑告訴我們，她如何在她的工作場所運用心靈拼貼®。

「我在一家博物館工作，為館內的教育實習者進行了一場心靈拼貼®工作坊。我使用一個專題讓他們聚焦，實習者們很快地剪貼，並使用圖卡說話，充滿了反思、驚奇和感動。這些專業的教育實習者說出，他們對於與觀眾之間的教學和互動有所擔心，也說出他們的感激，有這個機會對於藝術作品背景，能夠表達他們的個人觀點。這些實習者注意到這個流程是沉思靜默的（不像是舊有的藝術項目！），也感覺到像是一個儀典……。

這是令我振奮的一次經驗，也是將我們彼此連結在一起

的一種方法，這是他們在館內十個月的實習時間都難得達到的境界。我希望，這些實習者在他們和參訪博物館的孩童互動時，會記得他們自己的情感。」

　　另外一個職場的例子，是來自於奧勒岡州的葛博麗・湯森德。她在一所有十五位同仁的人道社會機構，舉辦了心靈拼貼®流程的活動。她請大家在一進到場地的時候，就立刻從她事先準備好的一疊圖片中挑選圖像。以下是葛博麗的報告：

　　「這些工作人員，被時間／精力／組織調整這些問題弄得極度崩潰。我簡短地介紹心靈拼貼®，讓他們使用自己選擇的圖像練習『我是……』的句子，然後請他們用這張圖像做一張圖卡，象徵他們帶給這家機構的禮物。他們非常感動，現在這些圖卡掛在他們的機構裡，提醒他們的意義與價值。他們很興奮地邀請機構的執行長到教室裡，觀賞他們的創作。」

　　這類的經驗可能只是一次性的曝光心靈拼貼®的流程，

在 2008 年心靈拼貼® 指導員大會中製作的一張社群拼貼
攝影者：凱薩琳・安德森（2008 年）

儘管如此，也是很有價值的。有些人會決定進一步地探索、買書來看、聚集幾個人一起繼續這個流程。

集體拼貼創作

　　對於參加團體，同時自己也在家裡進行心靈拼貼®流程的人，我要建議一個額外的活動給你參考，這是強調社群元素，一種很有力量也很有趣的流程。這個流程最能發揮的條件，是一群人已經個別的製作圖卡、再聚集一起讀卡有一段的時間，彼此都認知共同屬於一個團體的情況下進行。

　　這個流程很簡單：準備一大張空白的厚卡，讓這個團體的每一個人都能放得下自己的一張圖像代表他／她自己。我之前提到的一位牧師／指導員，瑪珠芮・荷耶－史密斯，經常在聚會或是教友大會快要結束的時候，做這樣的團體拼貼。這裡舉一個例子，是十二個人組成的一個團體，他們各自在家製作圖卡、記錄、和沉思有一段時間，然後每個人帶著一張圖像到團體聚會，做一張共同的

拼貼。現在，讓我們讀一下瑪珠芮的描述：

「當他們參加聚會的時候，每一個人帶回一張吸引他的圖像，然後剪貼到一大張共用的心靈拼貼®厚卡紙上。在群眾離開之前，我給予一些教導，談論到神聖的對待這些圖像，因為每一個圖像都是代表每個人神聖故事的一部分。一旦一個圖像放入比較大的心靈拼貼®圖卡上，很重要的是，認知這是一種『放手』的過程；同時，一個圖像不僅揭露個人的故事，也成為社群故事的一部分。

我告訴大家圖卡製作的流程，當製作一張屬於自己個人的心靈拼貼®圖卡，圖像彼此可能會重疊；有些圖像會顯露出來，但有些圖像會被遮蓋住。但是製作一張公共的圖卡，要求的是先注意圖卡上已經放入的圖像，趨向於直覺和創意的感覺，再去放置自己的圖像，清楚地覺察到你放入的圖像可能會重疊到原先的圖像，也就是你可能會遮蓋住其他人的表達。覺察到空間的配置、故事的關聯、顏色的搭配等等，了解到一張公共的心靈拼貼®圖卡，是整體的表達。當大家都拼貼完畢回到座位後⋯⋯我引導大家做一個簡短的團體分享，說說看選擇圖像的過程、將圖像貼到大的圖卡的感覺等等。接著，我們一起做共同的凝視，我拿著這張拼貼的大卡繞行教室，在大家座位前方分別停留一段時間，讓他們有機會再看一次整體的圖卡⋯⋯接著我問大家還看到了些什麼⋯⋯他們的反應與回答成為全體共同的深度分享⋯⋯出現

了許多內省力、對個人／共同故事的反應、本週聚會的主題、和許多歡笑！」

這真是一個美妙的流程，突顯了所有心靈拼貼®背後都有的「一和許多」的悖論。

我決定按照瑪珠芮的例子，自己來指導一次群體拼貼。第二屆心靈拼貼®指導員大會在加州的阿西洛馬舉行，共有五十五位來自各州的指導員參加一個週末的聚會，我利用這個機會引導了這個活動。在進行大會的討論、演說、圖卡製作、交流的空檔時間，每一個人去找一張代表自己的圖像，然後各自將這張圖像黏貼到一大張圓型的厚卡上。前一頁的照片就是我們幾個人拿著全體完成的共同拼貼。

男性與心靈拼貼®

你可能已經注意到，這本書的大部分圖卡是來自於女性，而我所引用的指導員範例，也都是來自於女性指導員。如果你是一位男士，讀到這裡的時候，也許你會想這個流程是否對你具有意義！我們當然希望是的。我們期待，經過一段時日，我們是一個男女數目平衡的一個社群。

我曾經問過幾位男士，為什麼男性不太熱衷於嘗試心靈拼貼®，我得到的第一個答案，是男性喜歡身體運動的活動。他們喜歡可以移動、競爭、以及勝利的感覺；或是隨著一群人坐在一起和觀看某些活動。大多數男性的天性就不是剪貼

2012 年五月在席娜 · 弗斯特指導訓練中的一個讀卡群體
攝影者：阿瑪祐 · 伯恩

卡片。他們會認為拼貼是太女性化，太輕盈、精巧又花時間的活動，不值得他們花時間和精力在這個地方。

　　另一方面，女性似乎是天生的拼貼高手；她們無時無刻都在拼貼東西，總是整理又整理家具、衣物、食物的成份，在週遭的東西都會被拿來翻新、回收、或是更新。基於對喜好拼貼的本性，自然而然會被心靈拼貼®吸引。勇於嘗試的男士，通常會很驚訝他們在創作時所得到的樂趣，同時也會驚訝他們諮詢圖卡時所得到的深刻經驗。通常，他們會改變

原來的想法，並且繼續參加。問題是，許多男性根本連一次都不嘗試，除非他們之前從事過靈性與治療性的活動，可以預見心靈拼貼®的各種可能性。

<blockquote>嘗試心靈拼貼®的男士，通常會很驚訝他們在創作時所得到的樂趣。</blockquote>

　　我也詢問了目前是心靈拼貼®指導員的幾位男士，請他們幫我了解為什麼男士都不來報名參加工作坊。我來分享幾位男士的答覆。住在加州的心靈拼貼®指導員，丹尼爾 · 庫克只是說了一句：「男人即使對待他自己，也不願意探索心靈深處，或是了解相處的關係……」丹尼爾同時也提出了一個可能性，男性看待心靈拼貼®的流程：「也許太著重在個人的內在部分，會被別人看到太多的自己，很像心理治療一樣。」另外一位也是住在加州的心靈拼貼®指導員，史丹利 · 金認為，如果使用比較多屬於靈性的觀點，而不是心理治療的觀點，應該會讓一些男性卸下心防。他建議，可以定位心靈拼貼®是一種心路歷程的圖像流程，是心靈層面的而非情緒性的，幫助男性對這個流程感到自在。

　　另一位來自加州的男性心靈拼貼®指導員，理查 · 錢斯很欣賞心靈拼貼®在治療的這一部分。他說：

　　「這是立刻讓我看到心靈拼貼®的部分……它讓我有了具體外顯的方法來表達我內在的許多真我……我知道我有許

多內在角色，但是很難用比較有次序與實際的方法自我覺察。所以，我看待心靈拼貼®是一個機會，去找到這些角色的名字、有更深一層的了解、對我自己身份的認同、哪些是我的社群、哪些是原型的個性，透過圖卡『步入我的生命』。」

以上發言似乎都意味著，有些男性有興趣了解自己的直覺或是「阿尼瑪」的部分，有些男性卻沒有什麼興趣。或者是，也許比我們認為更多的男性已經準備好了，等著我們積極邀請他們來參加。然而，有一點是這幾位我請教過的男性都同意的——男人需要另一個男人在旁邊支持他做這樣的活動。如果只有一位女性指導員，其他人又全部都是女性參與者，男性會有所遲疑參加。指導員史丹利・金說：如果沒有其他男性參加，在一群女性面前表現脆弱的一面，這唯一的男士會陷入自我心情上的窘境。

如果是男、女指導員一起主辦，就會吸引更多的男士參加。藍迪・卡拉切爾和他的太太凱琳・魯賓就是兩人一組的合作團隊。他們兩位住在新墨西哥州，也會到其他的國家指導工作坊。藍迪說：

「大部分的男性對於自我揭露都是比較慢半拍的。如果提供男士一位個別的治療師、或是領導者，並且告訴他一些背景，就可以讓男士們變得不可置信地向前邁進。運用強烈與敏銳的男性典範，就會大不相同的吸引男士們參加一個活

強尼・笛拉德，心靈拼貼®指導員，正在製作一張圖卡
攝影者：米麗・笛拉德

動。」

我稍早提到的丹尼爾・庫克，他就很希望可以和一群男士共同進行工作坊：

「我希望終究可以為我所參加的男性組織，專門為男士舉辦一場心靈拼貼®工作坊，這樣的男性專案，可以專注在我們感興趣的四個主要男性原型——戰士、愛人、魔術師、國王。當然，這樣的專案還要看是否真的有男士來報名，如果真的有人來參加，我們就可以開始建立我們的圖卡套組，

我們的未來世界需要每一個人都能找到阿尼瑪和阿尼瑪斯的平衡。

我想這麼做將會增加心靈拼貼®的力量。另外一個方法，就是到更多以男士為主的團體和聚會，或是榮格的大會，去介紹心靈拼貼®。」

以上都是針對目前女多男少的心靈拼貼®現況，應該如何平衡比例的初步回答，我希望我所說的話，可以鼓勵更多男士成為心靈拼貼®指導員，並且將這套流程帶進以左腦思考為主的世界。只要起初小小的典範，形成了一個必要的成份，就能成長為心靈直覺與想像力的部分，也就是所謂的「女性」，或是方程式的另一邊的右腦活動。這並不是男性缺乏的一部分，而是女性直覺上很容易運用的部分，至少在現代文化是如此。男性需要被鼓勵去找到並發展他們內在的「阿尼瑪」，就如同女性需要被鼓勵去找到她們的「阿尼瑪斯」一樣。我們的未來世界需要每一個人都能找到這樣的平衡。我們也可以考慮從年輕男孩和男性青少年開始心靈拼貼®的流程，越年輕的人他們的阿尼瑪就越容易發展。

現在我用一段愉快的話語結束這一章，這是由藍迪・卡拉切和凱琳談到他們在墨西哥指導的一場工作坊。

「最近我們在墨西哥進行一系列的心靈拼貼®工作坊，有一個九歲和一個十六歲的男孩子，幾乎是立刻投入了這個流程。在分享的單元，剛做好的圖卡都擺放在一起，這個九歲的男孩子好興奮地想要知道每一個人做了哪一張圖卡。那個大一點的男孩子分享了『我是……』的話語，然後有人將他的話翻譯成英語給其他大人聽。那是一段感動人心的話語，真誠反映出他對每個人和每件事物的愛與連結。」

CHAPTER 17

孩童使用心靈拼貼®圖卡

孩子們喜愛心靈拼貼®

我想，你應該猜得到，大多數的孩子們喜愛製作心靈拼貼®圖卡。孩子們似乎很快就了解他們的內在部分，可以迅速做出一張「傷心自我」、「生氣自我」、「害怕自我」、「叛逆自我」或是「倔強自我」、和「好奇自我」等等。有了圖像的幫助，孩子們可以認出自己彆扭的部分，還可以談論不舒服的感覺和行為。他們會看到自己就像萬花筒一樣，有著不斷變化的部分，但還是會構成一個美麗的整體。他們學習到用好奇心觀察自己，開始踏上意識的旅程！

你必須找到有兒童圖像的雜誌，也要準備一些孩子們會認同跟他們一樣，有著各種表情和姿態的動物圖像。當孩子們選好圖

照片名稱：凱莉・弗斯特，七歲
席娜的孫女展示她做的心靈拼貼®圖卡

像，將圖像黏貼到一張新的背景圖片上的時候，所形成的拼貼，在他們的想像力中就變得活靈活現。年紀比較小的孩子，會願意假裝從圖像的角色說話，他們所說的話會無意識地嵌入自己的感覺。這是一種屬於右腦的活動，稍後孩子們進入學校接受教育，多半是強調左腦的思維，使得孩子們開始壓抑他們直覺和創意的能力。對於年紀大一點的孩子，可能對心靈拼貼®的流程有自我覺知的能力，這是一個可貴的方法，可以向孩子們有著想像力和直覺性的右腦致敬。這個流程，因為有著視覺和遊戲的特質，類似於沙盤和布偶扮演。然而，心靈拼貼®有一個可愛的優點，就是孩

凱莉 · 弗斯特正在製作一張心靈拼貼®圖卡

子們可以把圖卡帶回家，隨著時間的推移，也能累積收集圖卡，並珍藏它們。當孩子產生某一種情緒，他可以使用圖卡來認得這個情緒，他可以把圖卡帶出房間，讓圖卡來說明，他的情感世界發生了什麼事。孩子們通常會將圖卡帶到學校裡分享，其他的孩子都會被吸引住。也許，有一天，孩子們都會在學校裡製作心靈拼貼®圖卡，這將會大大提高孩子們右腦開發的程度。

在使用心靈拼貼®圖卡的家裡，小孩子一定會對父母親使用照片、剪刀和黏膠所做的事，感到很好奇。當媽媽或爸拿出雜誌，開始製作有圖像的卡片，小孩子一定也想跟著一起做。可以幫他們準備他們自己使用的材料，也許是一疊從檔案夾裁剪下來的空白卡、或是磅數比較高的索引卡，還有一支安全無毒的口紅膠。你可以依照孩子的需要，再決定是否要給他們建議。有一位女士的十二歲女兒，在朋友和家人的生日或是特別節日，都會為他們製作社群圖卡。這是她自己想要做的事，而且很喜愛這樣做。她對於其他的圖卡套組就一點都不感興趣。

在學校環境的心靈拼貼®

我將告訴你一些孩子們使用心靈拼貼®的例子，這是心靈拼貼®指導員，凱琳 · 魯賓的例子。稍早，我提過凱琳傳來有關一個青少年男孩，發現自己是詩人的可愛故事。凱琳也分享了其他學生的故事。這是一個專案計畫，設計來幫助在其他學校有學習困難的學生；這個專案是讓他們學習如何當同學之間的和事佬。凱琳說：

「這些孩子們大多數都有緊張的家庭狀況，像是虐待、吸毒、沒有住所、也許本身已經當了未成年的爸媽。有一個學生分享說，她能夠開始使用圖卡去協助還沒準備好開口說話的同學。他們可以使用圖卡，當做一種方法，進入比較放鬆的氛圍，然後再開始交談。有一個學生認為，這些圖卡是表達自己情緒與想法的好方法，她想從這方面著手，如果她

的媽媽問她怎麼一回事的時候，她會拿出一張可以表達她心情的心靈拼貼®圖卡，或許就可以開始和媽媽交談，而不是壓抑自己或大聲尖叫。」

心靈拼貼®指導員南西‧威斯，依據她在洛杉磯的加州學校體系，和四～九歲兒童相處的經驗，與其他作者合寫了一本書《給孩子們的我的圖卡》（*MeCards4Kids*™）。這是一個六歲男孩的圖卡，還有他所寫的「我是⋯⋯」的詩。

在家庭聚會場合介紹心靈拼貼®

有的時候，家庭聚會的場合也可以安排孩子們一起做圖卡。這是一位加州的心靈拼貼®指導員，蘇‧葛博所分享一個派對的故事。有一群小孩子正在準備慶祝爺爺生日的驚喜。

我帶著女孩們和圖卡材料一起到外面的野餐桌上，進行「祕密的」心靈拼貼®。她們好喜歡！八歲的女孩首先完成她的圖卡，然後去幫忙更小的孩子。我的父親最初以為我們在做一個藝術活動⋯⋯後來他表示他很驚訝。我建議這些孩子們選取一些感覺特別，能夠讓她們想到爺爺的照片。同時我也教她們「我是⋯⋯」的練習，我很驚訝地發現她們能夠熱誠、心甘情願，且不加思索地說出她們的感覺。

當天稍晚的時候，每一個人都聚集起來慶祝爺爺的生日，接著重頭戲來了。每個女孩都可以拿出心靈拼貼®圖卡，

卡片名稱：海洋
套組：我的圖卡
創作者：福特

我是海洋。我很廣大也很強壯。
我對海洋生物非常非常的好奇。
我聽到人們在沙灘上遊玩。
我看到在我裡面的海洋動物。
我想要人們不要再捕魚。
我是海洋。我很廣大也很強壯。

我假裝是海洋生物的爸爸。
我感覺到我的海浪跑到岸邊。
我碰到了沙子。
我擔心幾乎所有的魚都要死光了。
我哭了因為魚快要死了。
我是海洋。我很廣大也很強壯。

我知道我可以把人們帶到海洋。
我說，「別再殺魚了！」
我夢到海洋生物並沒有死。
我試著去幫助他們。
我希望這個世界對所有的人都很好。
我是海洋。我很廣大也很強壯。

維多利亞 · 博恩格，十二歲，解讀她在十歲時製作的一張圖卡：

「我督促自己更努力，我很怕高但卻又爬得很高，我需要幫助去達到頂峰，我看到玻璃杯的水是半滿的，我說天空才是高度的極限。」

當做個人致贈的禮物……有的孩子可以當眾向爺爺朗讀「我是……」，有一個小女孩太害羞，請我幫她代讀。從我爸爸臉部表情的變化，可以看得出來這麼做對他很有意義。這是最棒的一次家庭派對，整個能量在轉換，從過去我們不知道如何交流，只是來盡聚會的義務，態度消極，到可以用最好的描述，全體家人都「同在當下」，這一天是我們全家人的覺醒日。

孩子也有能力讀卡

住在佛羅里達州的心靈拼貼®指導員，瑪麗 · 西西里雅 · 史蒂文生，她來自智利。有時，她會回到祖國，指導心靈拼貼®工作坊，也經常會將一部分工作坊內容翻譯成西班牙文。她告訴我們這個精彩的故事，是關於一個小孩子被大人帶到心靈拼貼®工作坊發生的事。這個工作坊是屬於指導員線上團體的其中一個成年人的工作坊。經過瑪麗的同意，我們將她的故事分享在這本書裡。幾乎每天我都會從全世界許多指導員那裏，收到他們從事心靈拼貼®工作的分享，這是其中一則有趣的故事。

在我們進行工作坊的第一個單元，有一位女士帶著她剛滿七歲的女兒一起參加。我有些不開心，因為小孩子有時候會干擾我們的活動，但因為她很乖巧地坐在一張椅子上看書，因此我們很快就忘記了她的存在。但我知道，她很注意我們在桌子這一邊的活動。到了第三個單元，看得出來小女孩對我們活動的興趣更加提升了，因為當天參加的人數很少，所以我就問她是否要過來一起做圖卡。她興奮地馬上加入我們。那一天，她做了兩張很棒的圖卡，而且她也像其他人一樣，參與了接下來的讀卡活動，使用「我是……」開始的句子。聽到她所說的話，我們大人的下巴都要掉下來了，

因為她說的是如此深入。

那個小女孩像是有個智慧的靈魂，掌握住整體的流程。當時在第四個單元和最後一個單元，我們進行讀卡活動。我原本以為小米雅不適合參加這個部分，但從讀卡的一開始，她就顯現極大的熱情。輪到她提出問題的時候，她有些遲疑，但她媽媽向她保證這是很安全的地方，她可以提出任何她想問的問題。於是，她問了一個問題，有些時候她感覺到生活上的一些挫折，這些圖卡可以如何幫助她？她抽到一張「快樂小孩」還有一張「仙女／巫婆」圖卡。接著，她用「我是……」從每一張圖卡說話，她所說的話，對她和我們其他人都很有力量。我們感受到一個有智慧的老靈魂。孩子是那麼純淨，因此他們還保有許多他們自我本質的連結，他們可以使用直覺性的流程，走到深層的心靈所在。工作坊結束之後，小女孩的媽媽寫給我一封電子郵件，謝謝我讓米雅一起參與；她看到她的女兒有了很大的改變。在之前，米雅對於表達自己的情感有些困難，但是經過最後一個單元之後，她比較容易溝通，並且可以表達她的情感。對於這次的經驗，我感到非常高興，因為讓我知道這麼小的孩子也可以受惠於心靈拼貼®的流程。我感覺受到祝福，見證到這些參與者開啟他們心靈的大門。我敬畏這個流程。

在指導兒童進行心靈拼貼®流程之前，心靈拼貼®的原則是，指導員必須取得該兒童父母或監護人的同意。

童軍將心靈拼貼®當成手藝

澳洲的心靈拼貼®培訓講師，凱倫‧曼寄給我有關她的兒子，凱的故事。

我的兒子今年十一歲，是一個熱衷於心靈拼貼®的小小藝術家。有一天，他把心靈拼貼®的圖卡帶去童軍團。為了取得童軍手藝勳章，他向團員展示圖卡，並且說明整個流程。簡報當中，他很高興地展示了我的一本簽名書，以及一張「有名作家」媽媽的照片。最後，他當然得到了童軍手藝勳章。

凱‧曼-羅伯森，十六歲，在十一歲時製作心靈拼貼®圖卡，得到童軍的手藝徽章。
攝影者：凱倫‧曼（2010 年）

凱倫在信的後面附註了一段話給我：「席娜，我希望妳不要介意我們把心靈拼貼®稱作手藝；因為童軍團還沒有直覺性流程，或是個人成長類的勳章。」是的，我當然不會介意，只要能讓人們進入這個創意與探索的流程，任何稱呼都是可以的。

和瀕死的孩子一起做心靈拼貼®

一位加州的心靈拼貼®指導員，本身也是藝術治療師，漢娜‧克勞思‧杭特在一所醫院的小兒科病房服務，心靈拼貼®是她使用的其中一個工具。她說：

「對於兒童，圖卡製作是一個可以清楚表達他們情感的方式……心靈拼貼®的原型本質，能夠讓兒童說出他們自己可能沒有意識到的狀態，同時也能夠讓使用圖卡的我們，追蹤這個孩子歷程的發展。這些圖卡同時也是一個紀念、一份看得見的禮物，留給生者。

安雅，一個十一歲的小女孩，是我最傷感的其中一個例子。在我認識她的三年期間，她一直都在和癌症搏鬥。雖然她知道她快要輸掉這場戰爭，她都不曾提到過這件事。即使她很難控制雙手，並且要坐在輪椅上支撐著自己，她每週都還是努力過來參加藝術治療課程。當我向小朋友介紹完心靈拼貼®後，安雅就開始製作圖卡，她選的圖像是一群飛翔的小鳥，拱起一個行列飛出圖卡、飛向天空。安雅用微弱的低

卡片名稱：我的魔法小男孩
套組：社群卡
創作者：琪拉‧瓊斯

「我是神奇的！宇宙爆發在我的手指之間。我永遠愛你！」

語對我說：『再做一張』結果，她一張接著一張做。當她完成後，我注視著擺放在桌上的這些圖卡，看到了安雅所選擇的精緻的超然圖像，明白地展現了她即將要踏上的旅程。」

這是一些心靈拼貼®指導員在孩童方面的工作經驗。這些例子說明了許多應用的可能性，而我相信我尚未收到許多一樣好的例子。我希望，你可以把這個有趣的剪貼圖卡介紹給你的孩子、孫子、學生或是個案，然後鼓勵他們想像，這些圖像想要說些什麼。

和弱勢的青少年一起做心靈拼貼®

瑪莉蓮・葛立森是心靈拼貼®指導員，也是婚姻與家庭治療師。她在洛杉磯郡立兒童與家庭服務部，擔任兒童福利行政人員。她個人花了許多精力與時間，義務指導弱勢兒童和青少年。她曾經在 2008 年二月份的心靈拼貼®能特電子報中，寫了一篇有關於她擔任志工，輔導一群弱勢少女的文章。

我非常想要協助一些弱勢青少年，因此我就主動聯繫了一個特別的專案計畫。這是一個非營利組織，該組織的使命是透過創意藝術指導、提供資源和機會，以改變高風險以及弱勢青少年的生活。於是，每週二的晚上你都可以在南洛杉磯的團體聚會家庭裡找到我，我志願輔導五個焦躁不安的少女。她們都是被虐待和被疏忽的少女，因為她們的年紀已經達到法定年齡，可以從原生家庭搬到寄養機構。由於她們過

給弱勢青少年的一種不具威脅性的方法，可以分享他們的感覺、學習認識自己、認識可以創意表達的潛能。
攝影者：瑪莉蓮・葛立森

去的生活環境，充滿了負面情緒，往往導致她們痛苦和無法表達的情感。我曾經在兒童福利系統服務了十九年，我了解他們被帶離原生家庭時所面臨的動盪和困難。普遍來說，她們都會有被拋棄、害怕、和迷失的感覺。透過心靈拼貼®的流程，我提供了一種不具威脅性的方法，讓這些少女們可以分享感覺、釐清她們的困惑、學習有關自己的重要特質。

通常，青少年對於傳統的治療介入都會抗拒。但身為治療師和心靈拼貼®指導員，我介紹她們一種內省的方法，將

這些是在第十六屆年度動物想像力大會，由青少年所製作展出的「最像我的動物」拼貼作品。
攝影者：瑪莉蓮・葛立森

中心思想多放在她們直覺的能力，去認知反射她們內心世界的圖像，而不是只是談話。

一開始，這些少女抱持著懷疑和防衛的態度，顯示了她們有信賴和懷疑的問題。為了舒緩她們的疑慮，我開門見山分享了我對她們情緒與健康福利的誠摯動機。漸漸地，她們打開了心，透過幽默、對話、分享祕密，一點一點地透露她們的狀態。

每週工作坊的重點是製作心靈拼貼®圖卡。她們每次都會增加新的圖卡到她們個人的圖卡套組內。我們所需要的材料並不多，只要：剪刀、口紅膠、空白厚卡、和雜誌。每一週我都會指導她們從容地翻閱雜誌，找到吸引她們的圖像。仔細剪下圖像之後，她們開始拼貼創作。大多數的工作坊，我請她們製作可以反映出一些自己個性的圖卡，例如：「害羞的我」、「勇敢的我」、或是「害怕的我」。這些「個性」圖卡會歸屬到她們的「成員圖卡套組」。

有幾次的工作坊，我請她們製作對她們的生命，具有重大影響的人物。無論這些人是生者或是逝者、實際認識或不認識的人物。這些圖卡會歸屬到她們的「社群圖卡套組」。這些圖卡分別代表指引、鼓勵、支持和愛著她們的人。透過創作成員圖卡和社群圖卡，這些少女探索了自己的多個面向，以及自己和他人之間的關係。

這套流程已經證明，有治療與洞見的效果。有些她們無法大聲說出來的話，在她們將圖像黏貼到圖卡上時，表達就變得很顯而易見。在工作坊中很重要的一環，是留下充分的分享時間，這樣每個少女都可以展示她的創作、將屬於她的一部分，分享給心靈拼貼®社群。這段分享的時間是被尊重與認真對待的。有的時候會聽到鼓舞人的分享、有的時候令人心碎，但每次都有所揭露。成果就是一張美麗和有創意的藝術圖卡，描繪了她們急切想要了解自己的一部分。做為指導員，我輔導她們進行流程，讓參加的組員，彼此互相支持。

一起經歷這些過程，讓我們彼此連結。她們學習去接受自己、欣賞自己的多樣化與美麗，並且明白每一個個體，都是被編織進一塊燦爛織錦上的其中一條線。

最近我們鼓勵這幾位少女，提交她們的作品給第十六屆年度動物想像力大會，這是由聯合青年機會組織所贊助的活動。大會在二十世紀福斯攝影棚舉行，該會還提供一天的學習與藝術性探索之旅。所有來自於主要動畫、電腦繪圖、和相關產業的公司行號的專業人士，在這一天說明他們的工作範疇、分享他們的職業方向，並且提供寄養青少年一個願景，只要透過努力工作和創意，都可以在這個視覺藝術產業，得到一份有衝勁和回報的職業。今年大會的主題是「動物」。我們這一組的少女，每一個人都選擇了一個最像她們自己的動物，然後拼貼了一張圖卡。於是，這個動物園裡，包括了一隻獅子、美洲虎、猴子、蝴蝶和豹。她們的作品放在學生畫廊展覽，顯得很突出。這幾個少女非常感動看到自己的作品展出。後來的心得報告顯示，這次的活動提升了她們的藝術信心，並且讓她們有成就感和自豪的感覺。我也跟她們一樣有如此感覺，慶賀她們的成功！

對我而言，這個團體一直是一個有精神回饋的輔導經驗。我所付出的，成為我的收穫。我付出的時間，讓我得到滿足。因為我知道，這些女孩渴望認清她們的真實天性和潛能。她們願意持續每週來工作坊的主動令我振奮。她們面對恐懼的勇氣、視野變得更寬闊，都是她們心靈彈性的證明。

聽到瑪莉蓮的工作報告真是令人振奮，也知道許多心靈拼貼®指導員，輔導兒童和青少年，提供他們得到自尊的一個經驗、對於自己獨特創意的信心、幫助他們表達內在的自己、表達難以啟齒的情感與經歷。

CHAPTER 18

心靈拼貼®其他富有想像力的使用方式

眾多情況與應用

自從我的第一本心靈拼貼®的書出版（台灣未出版）以來，我收到無數的電子郵件，人們告訴我，他們使用圖卡的各種方式。有些人為圖像寫日誌，也有人從圖像的啟發寫出詩文和故事。有的人每天都抽幾張圖卡，做讀卡的諮詢。也有的人在特殊節慶，就像我稍早提到的生日派對，會製作圖卡。許多人也發展出一些充滿愛心與貼心的慶賀用法，像是在冬至、婚禮、和畢業典禮使用等等。在這一章，我再分享幾個使用心靈拼貼®的有趣方法。讓這些使用方法激發你的想法！看看這些圖卡如何幫助你讓正在操作的流程更有創意。

卡片名稱：天體的音樂
套組：引導卡
創作者：瑪麗亞博娜 · 西拉貝拉

「我看起來一團混亂，但是有些人可以聽到我拍動翅膀、雷聲隆隆，和雨水滴落的聲音。」

預見卡與占星術

有人問是否可以將預見的心靈演化，還有反映目前的心靈狀態，都製作成圖卡？這當然是可以的。心靈拼貼®沒有太多規則！製作一些預見的圖卡，特別是成員圖卡套組，會是很棒的項目。但是，如果你已經預見你的靈魂有這個部分的能特，這麼做才對你有幫助。預見能特，是把它們看成一種覺醒、平衡、和有活力的狀態。而不是嘗試去預見，那些並沒有真正編碼進入你靈魂本質的能特。

漸漸地，透過練習這個流程，你會了解哪些是你真實的自我，哪些能特雖然很吸引人，但它的能量卻不適合你。

來自北卡羅萊納州的心靈拼貼®培訓講師，米麗‧笛拉德創造了一個流程，將心靈拼貼®和占星術、預見卡結合在一起。她稱這套流程是「上帝的禮物拼貼的願景」。下面是米麗所說的話：

「去年初我想找一套個人訂定願景和計畫的方法，但我不想像以前一樣，落入只是左腦的線性思考模式。於是，我就有了一個想法，使用占星輪的分宮制，將我的生命做一個全面的區隔，分成許多『角色』，透過拼貼達到願景和計畫的目的。

我知道想要按部就班做到『如果要吃一頭大象、就要一次一小口』而達到願景流程的方法，就是為每一個宮位做一張心靈拼貼®的圖卡──每一張圖卡都描繪出在我生命中，最好的自我圖像。我很愉快的自己這麼製作圖卡，也分享這個方式給一些群體，目前我們持續每個月都做一張這樣的圖卡。每一個月聚會的時候，我們專注在一個宮位或是某一部分的生活領域，我們會連結當月的宮位所浮現的個人願景，透過一張拼貼圖卡來表達。」

為了舉例占星圖表的十二宮位，我選了一張米麗所做的第四宮的圖卡，這是她的「田宅宮」的宮位。請見米麗的圖卡和她使用「我是……」的句子。

卡片名稱：第四宮位──田宅宮
套組：成員卡
創作者：米麗‧笛拉德

「我微笑著說：歡迎回家！我和家人一起把我們的家建造成一個避難所，用愛與慈悲滋養每一位造訪者的身體與心靈。」

位於華盛頓州普爾曼市的三位一體社群的冥想迷宮

一位學員找尋一些圖像，然後拿著這些圖像去走迷宮。因為加入了冥想迷宮的能量，做出來的圖卡和讀卡的活動，變得更加有迷人的深度和力量！」

身體律動與身體對話

有些指導員找到創意的方法，將心靈拼貼®和身體的意識和動作連結在一起。不僅僅是以身體為導向的同伴套組適合這麼做，心靈拼貼®套組內的每一張圖卡，都可以這麼做的。一位加州心靈拼貼®指導員，米萊恩‧葛伯格描述一個人的身體和圖卡上圖像的對話：

「身體本身有自己的方式回應一張圖卡。當一個圖像恰到好處的呈現，我們感到非常驚訝的同時，我們的身體也會釋放『啊！』或是『哇！』的反應。這種自然共融產生的現象，可以用來探索一張圖卡的禮物。我們可以開始問自己：『當我拿著這張圖卡坐在這裡，我的身體的哪一個部位感覺到反應、感動、熱情、能量、張力、還是忐忑不安？』接著，我讓自己沉浸在這個感覺，我對著能特說話：『你會怎麼稱呼這個感動？是否可以分享你對於它的智慧？』或是，我可以這樣問能特：『你將這份禮物帶給我身體的哪一部分？你的活力是什麼？』探測完這些問題之後，我會接著問：『你想要我如何使用它們？』也可以詢問另一個問題，『如果我讓這個活力、這份禮物，在我的身體裡面流暢，它會如何滋

走迷宮

心靈拼貼®可以和許多其他流程做創意的連結。這裡舉一個和冥想迷宮工作坊合併使用的例子。華盛頓州的心靈拼貼®指導員，蘇珊‧瑪拉敘述她和一位冥想迷宮指導員，一起合作的活動。

「針對引導圖卡套組，我舉辦了一次心靈拼貼®和冥想迷宮的工作坊。羅蘋‧福爾斯特（一位冥想迷宮認證指導員以及心靈拼貼®的學生），先介紹原型和冥想迷宮的基本資訊。接著，我介紹心靈拼貼®圖卡中的引導套組，我讓每

一群人將剛做好的圖卡擺放成一圈
攝影者：凱莉・理微克（2010 年）

用圖卡說故事

在一次心靈拼貼®靜修會，我們嘗試了一次即興說故事的單元，非常有趣。所有人把除了社群圖卡之外的全部圖卡，統統正面朝下放在面前。一個人開始從她自己的圖卡裡抽卡，直到她抽到一張圖卡可以擔任英雄或女英雄的角色。她展示給大家看這張圖卡，並且為它命名：我的「害怕小孩」能特。然後，從這個圖像的角色開始創作幾句話，像是：「很久以前我從藏身處向外窺看，並且大聲喊叫，如果我跑出來玩耍，是否有人可以保護我？四周好安靜。我在想，會有人聽到我嗎？直到……」說到這裡，第一個人就暫停，輪到下一個人從他自己的圖卡裡抽出一張圖卡，一樣展示給大家看，然後命名，接著第一個人的故事，繼續用同樣的主角口氣說話，這個女英雄遇到了第二個圖像，「直到我看到有一隻美麗的鹿站在那裡。」然後，第二個人就可以將角色轉換，

養我和我的生命？』進行完以上的『身體對話』後，我會再花一點時間，拿著這張圖卡坐一會兒，通常這張圖卡真的會『看』起來不一樣了。在靜默中，我能感受到，我接收了一個特別的祝福。」

如果你是一位對自己身體，有著敏銳覺察力和感動的人，可以照著上列的問題話語，讓你的身體和能特對話；但如果你不是天生如此敏銳的人，也可以多多練習。

> 試著讓你的身體和你的心靈拼貼®能特一起對話。

運用想像力，將新的能特融入情節。這是第四脈輪的鹿。「我在這裡，小女孩，我很溫和也很有愛心，不會傷害妳的。妳要跟我去散步，看看還有誰在這個森林裡嗎？我會帶路……」當第二個人說完話後，再輪到第三位抽卡和接著說故事。就這樣，這個故事是由許多能特所編織在一起的故事，最後有一個結局。有的時候可以設定時間，或是依照時間的分配，設定輪流的次數。

這種直覺性的故事，通常有著神祕的本質，而且相當有趣。有時候故事會很荒謬，有時候卻相當美麗。故事也可以有悲慘的轉折，復原後繼續前進。你可以像我們一樣做團體練習，也可以自己練習。選擇一張英雄或是女英雄圖卡，然後開始說故事，一次只抽一張圖卡。這個流程很像做夢，只是你比較有覺知，並且有些許的控制。就在這個時候，宇宙間看不見的靈性，將神祕和不能預期的事物，選擇性地帶到此時此刻。

組織一個線上社群和事業

有一句老話叫：「需要是發明之母」，通常真是如此。這裡就有一個好例子。這是一位麻州的心靈拼貼®培訓講師，安‧瑪麗‧班尼特所告訴我們的故事。她說：

「2005 年我第一次參加了在波特蘭舉辦的心靈拼貼®工作坊，回到東岸的家還是非常興奮，是長久以來沒有過的感動。我很想和許多人分享這個美妙的流程。我想和別人說說

安‧瑪麗‧班尼特在 2009 年心靈拼貼®指導員大會中讀卡

攝影者：珍妮思‧英格理胥

這個流程、我想將我的圖卡分享給其他的人看、也想看／學習其他人的圖卡。但是我居住的附近，沒有其他製作心靈拼貼®圖卡的人。我很快地聚集了幾位朋友，開始每個月的聚會，一起製作並探索圖卡。然而，我發現，自己還是很嚮往一個比較大的社群。於是，我運用有神奇連結力量、跨越地球的網路經驗，為做心靈拼貼®圖卡的人設立了一個免費的雅虎群體，服務一群對心靈拼貼®有熱情的人。我們互相分享新的圖卡、詢問問題、接受建議和彼此支持。許多加入雅虎群體的人，他們所居住的區域並沒有心靈拼貼®指導員，因此可以透過全球社群得到支持與友情，融入他們的生活，對他們而言，這是特別有幫助和有意義。

我也架設了一個全球性的會員制網站，叫做『志趣相同的心靈萬花筒（KaleidoSoul Kindred Spirits）』。會員繳交一些年費或是月費，可以收到每週一次的電子報，內容有啟發性與相關連結的訊息，這份電子報叫做『心靈珍寶』，會員每

記錄一張剛做好的圖卡
攝影者：奧德芮 ‧ 喬德赫莉

其中有一位會員說得最清楚：『這個網站讓我的心靈拼貼®流程，保持靈感與活力。』如果心靈拼貼®對某一個人唱歌，那麼加入『志趣相同』的會員，就像參加了合唱團一樣！」

個人靜修：合一的禮物

在稍前幾章，我提到一位加州的心靈拼貼®培訓講師，瑪麗亞博娜 ‧ 西拉貝拉敘述她如何使用自己的心靈拼貼®圖卡，進行個人靜修。以下是她的感想：

「我會盡量撥出一段足夠的時間獨處，和我的圖卡套組進行個人的靜修。我比較喜歡找一個安全的修道院、靜修中心，或是遠離干擾的一個小木屋。我這樣做的用意，是想透過全然浸入圖卡的臨在和能量，深化我和圖卡之間的關係。同時，用更多的覺知能力去接收它們的禮物。要得到最好的效果，最好是花上一整天做靜修，我也非常建議你能花上一個晚上，在睡夢中與它們分享。

我在床頭邊開闢了一個小小的神聖空間，放上我的三張超個人卡，然後將所有圖卡用彼此間隔一張圖卡的距離，直線擺放、或是繞著床鋪圍成一圈的方式，將圖卡擺放在地板上。我把這個空間轉換成一個煉金船，我被我所有的能特包圍著，按著時間順序，在裡面生活和睡覺。我先照顧好必要的生理需求，然後就進入我的儀典時間，準備讓種子萌芽發展成熟。我使用我所熟悉的靈性修練方式，慢慢調整和打開

個月有一次免費的空中課程，內容都是各式各樣心靈拼貼®的話題，還可以在心靈萬花筒網站商店，優惠購買電子書和電子課程，再加上一星期七天／一天二十四小時，都可以上網取得一系列的錄音，都是屬於心靈拼貼®許多不同的主題內容。許多會員告訴我，這個網站對於他們心靈拼貼®的練習非常重要，

> 從圖卡說出直覺性的故事，通常有著神祕的本質，而且相當有趣。這個神祕和不能預期的事物，可能會帶入此時此刻。

我自己，讓我的感覺開始警醒、讓我的心智準備好迎接智慧和轉換。我做瑜伽體式、擊鼓、冥想、隨著我呼吸和聲音的韻律而跳舞。如果有一張圖卡抓住我的注意力，我就會跟它對話、一起舞動身體，並且為它記錄。我會挑選兩張圖卡，叫出它們完全相反的特質。我問圖卡問題。我感受得到，有些圖卡只是想被我注視。我讓這樣的體驗，在我的意識裡盛開。我任憑發展。我書寫著。有的時候，我會做一張新圖卡。我聽著圖像在身體裡的共鳴。我傾聽著寂靜，在大自然漫步。我把圖像吸進來、呼出去。我在此時此刻臨在。有事情發生了。我的全神貫注和能特的臨在之間，強而有力地交換著，編織成一個全新的掛毯。擴展的意識讓這些『自我的鏡子』組織成一個新的星宿。我從這個時空中出來，成就了更完整的我；我的靈魂更深化地穩坐在我的身體。新的種子被種下了：時間和機會，會帶給它們演化。」

卡片名稱：宇宙的連結
套組：成員卡
創作者：米麗 · 笛拉德

「我看著媽媽的臉，感受到宇宙的連結……我與全體同在。」

CHAPTER 19

成為一位心靈拼貼®指導員

因陀羅網

在本書的一開始，我談到了古埃及字「能特」，這個名詞同時指的是本源的「一」，還有萬古以來從本源流進流出的「許多」生物形式。在心靈拼貼®裡，我們採用這個古老的字「能特」，代表我們靈魂內所有的「許多」，許多的指引、盟友以及挑戰者。

從這個無限當中的一個隱喻，首度出現在第二世紀的大乘佛教，也是一個網子。在這個傳統中，被稱為「因陀羅網」，它描繪出一個廣大無邊的網子，當做一個所有被創造宇宙的象徵。這個網子沒有開始也沒有結束。嵌在這個網子裡面的，是無數的多面珠寶——這些珠寶在網子上恆久

席娜縫製了這個因陀羅網掛飾，象徵「一」和「許多」。在因陀羅網上的每一個珠寶，彼此永恆輝映、反映了其他珠寶的光芒。

不斷地反射彼此的光芒。

因陀羅網的圖像，成為心靈拼貼®社群的一個很特別的象徵。我們體認到我們彼此也像因陀羅網一樣，永無止盡地在上面互相輝映。我們從此處了解，每一個人都是在這個大故事當中的一條完整的線。我們甚至有一個實體複製的因陀羅網，會在我的某些訓練課程，懸掛在牆面上。多年以來，許多新完成訓練的指導員，會將他們個人的「珠寶」黏貼在網子上，所以有許許多多的珠寶在我們目前的網子上閃閃發光。我們也期待增加更多的珠寶！

瑞士的一場心靈拼貼®訓練，在結束儀式圓圈的中央。

心靈拼貼®工作坊的名稱；也不能稱呼自己為心靈拼貼®指導員。因為，這些頭銜是專屬於參加過心靈拼貼®指導員訓練的人使用。以及，如果你沿用了心靈拼貼®的流程，請加註出處，表示你是採用了席娜・弗斯特所發展的心靈拼貼®，並請將這本書擺設出來，讓其他人知道原著作。

心靈拼貼®指導員社群的好處

如果你真的決定加入這個社群，確實是有好處的！你可以有權利使用心靈拼貼®的註冊商標、稱呼你自己是一位心靈拼貼®指導員、也可以列名在官方網站 www.soulcollage.com 上。你可以聯繫我們的線上群組、收到每個月的電子報、可以在我們網站

在參加訓練前分享心靈拼貼®

也許正在閱讀本書的你，決定加入這個遍佈全球、正在成長中的心靈拼貼®指導員社群。可能你想要介紹心靈拼貼®給朋友，或是你參加的團體、職場、或者你本身是醫師，想要介紹給你的個案。當然你不必參加四天的心靈拼貼®指導員訓練，就可以分享。但如果沒有參加訓練，請不要使用

上公告你的活動，還有購買材料的折扣優惠、參加大會的邀約等等。更重要的是，這是一個全球性的社群，彼此分享資源與經驗，對你分享心靈拼貼®所產生的疑問，能夠得到支持與回答。

> 這是一個全球性的社群，彼此分享資源與經驗，可以從中得到支持與問題的答覆。

自左到右：瑪拉・英格理胥和瑞・海特在一場心靈拼貼®訓練當中，分享她們的圖卡。

攝影者：席娜・弗斯特

心靈拼貼®指導員訓練的條件

基礎的心靈拼貼®指導員訓練，並不需要花上很長的時間。如果你已成年，具有熱誠並認真想要將心靈拼貼®傳遞給其他人，歡迎你來參加訓練。基礎訓練營通常是跨週末的四天密集訓練。只有下面幾個條件：

1. 參加訓練營之前要仔細研讀本書。

2. 至少聽過我的兩片 CD：《心靈拼貼®的介紹》和《心靈拼貼®的團體指導》。

3. 已經做過每個套組裡的一些心靈拼貼®圖卡。

4. 建議你就近參加實體或是線上舉行的心靈拼貼®入門工作坊。

5. 熟讀並願意遵守「心靈拼貼®原則」和「心靈拼貼®指南」。這些是很重要的原則和規定。可以在 www.soulcollage.com 網路上找到這些資訊。

如果你已經有分享這個流程給其他人的經驗，同時也有個人讀卡的經驗，那麼這個訓練會對你更有意義。你知道越多的心靈拼貼®，參加這個訓練營會帶給你越多的價值。

你可以到我們的網站 www.soulcollage.com 找到各地訓練營的資訊。在「指導員訓練（Facilitator Trainings）」欄位下，可以找到訓練營的日期和地點。除了我以外，現在有好幾位心靈拼貼®的培訓講師，在美國以及其他國家舉辦訓練營。

因為心靈拼貼®訓練有著親身體驗的社群本質，我們想要提供親身體驗，或是群體的教學。你的實際參與，對於彼此的交流、分享，以及我們認為非常重要的團體經驗，都是必須的。

心靈拼貼®指導員參加 2013 年大會

攝影者：凱薩琳 ・ 安德森

CHAPTER 20

讓我們一起持續精進！

我的第一本心靈拼貼®的書，是在 2001 年印刷出版的，結語是這麼寫的：「我們每一個人如何滋養、療癒、探索心靈，會衝擊到文化上開始顯化的浩大改變。如果，我們的心靈變得更有覺知，我們就會變得更有力量和更有效果，就像是二十一世紀光的承載者、戰士、智慧的女人與男人一樣。」

過了九年之後，現在我要寫這本書的結語。在這期間，大的故事已經演化了。比起 2000 年，世界上有更多對於典範轉移的討論。有許多療癒者、老師、甚至占星家，都在談論它。

個人的小故事也同時在演化。在 2010 年中，心靈拼貼®在 13 個國家，擁有 850 位指

卡片名稱： 如其在上、如其在下
套組： 引導卡
創作者： 南西・威斯

「我用雙手握住地球，連接天堂和地球。」

導員。到了 2013 年中，我們在 31 個國家，有 1700 位指導員。在你閱讀本書的時候，這個數字當然又增加了許多。你可以從 www.soulcollage.com 網站上找到定期更新的最新統計數字。

我想讓心靈拼貼®成為一個「成蟲細胞」，幫助仍然像是在繭裡的老毛蟲社會，轉化成新蝴蝶的社會，人們充滿了展望。我們協同其他已經覺醒的人類，加上心靈拼貼®特有的禮物，圖像、直覺和想像力。我們一起努力平衡左右腦，也努力平衡男性和女性的能量。我們也要努力終結將人們區分為好人和壞人的二元論，教導人們了解，所有生命都是獨特且神聖的，每個生命都有來自於本源火花的祝福。

卡片名稱：我的創意蜘蛛網
套組：成員卡
創作者：席娜 · 弗斯特

「我織著圖像的網，讓它握住並且療癒我的心靈。當我
需要在能特之間，架設溝通橋樑，我會製作圖卡，就好
像從我的黑暗深處，編織出蜘蛛網。」

我邀請你，使用這本書中所描述的特別工具，加入心靈
拼貼®的社群，成為典範轉移的一部分。

「我們每一個人如何滋養、療癒、探索心靈，會衝擊到
文化上開始顯化的浩大改變。如果，我們的心靈變得更有覺
知，我們就會變得更有力量和更有效果，就像是二十一世紀
光的承載者、戰士、智慧的女人與男人一樣。」

參考資料

　　有關心靈拼貼®最新的資料與訊息，請見 www.soulcollage.

com。

漢福特米德出版社

　　激勵你的旅程。點亮你的路途。

　　漢福特米德是心靈拼貼®書籍和產品的官方出版社，包括席娜‧弗斯特和心靈拼貼®培訓講師的出版品。

　　漢福特米德的書籍和產品，提供創意激發、內在自省，以及靈性的連結，幫助我們更好的關照彼此，和我們自己本身。 在網站 www.hanfordmead.com 可以找到漢福特米德的書籍和產品，這些都是照亮心理與靈性相通的範疇。

心靈拼貼®：持續一生的自我探索旅程

SoulCollage® Evolving: An Intuitive Collage Process for Self-Discovery and Community

作者	席娜‧弗斯特（Seena B. Frost）
譯者	蘿拉老師（Laura Liu）、戴寧老師（Daphne Tai）
執行編輯	鄭智妮
行銷企劃	李雙如
內頁排版	張凱揚
封面設計	賴維明

發行人	王榮文
出版發行	遠流出版事業股份有限公司
地址	臺北市南昌路 2 段 81 號 6 樓
客服電話	02-2392-6899
傳真	02-2392-6658
郵撥	0189456-1
著作權顧問	蕭雄淋律師

2016 年 7 月 1 日 初版一刷
定價 新台幣 420 元 （如有缺頁或破損，請寄回更換）
有著作權‧侵害必究 Printed in Taiwan
ISBN 978-957-32-7850-4
遠流博識網 http://www.ylib.com/
E-mail ylib@ylib.com

國家圖書館出版品預行編目 (CIP) 資料

心靈拼貼®:持續一生的自我探索旅程 / 席娜 . 弗斯特 (Seena B. Frost) 著；蘿拉 , 戴寧譯 . -- 初版 . -- 臺北市 : 遠流 , 2016.07
　　面；　公分
譯自 : SoulCollage® evolving : an intuitive collage process for self-discovery and community
ISBN 978-957-32-7850-4(平裝)

1. 占卜

292.96　　　　　　105010007

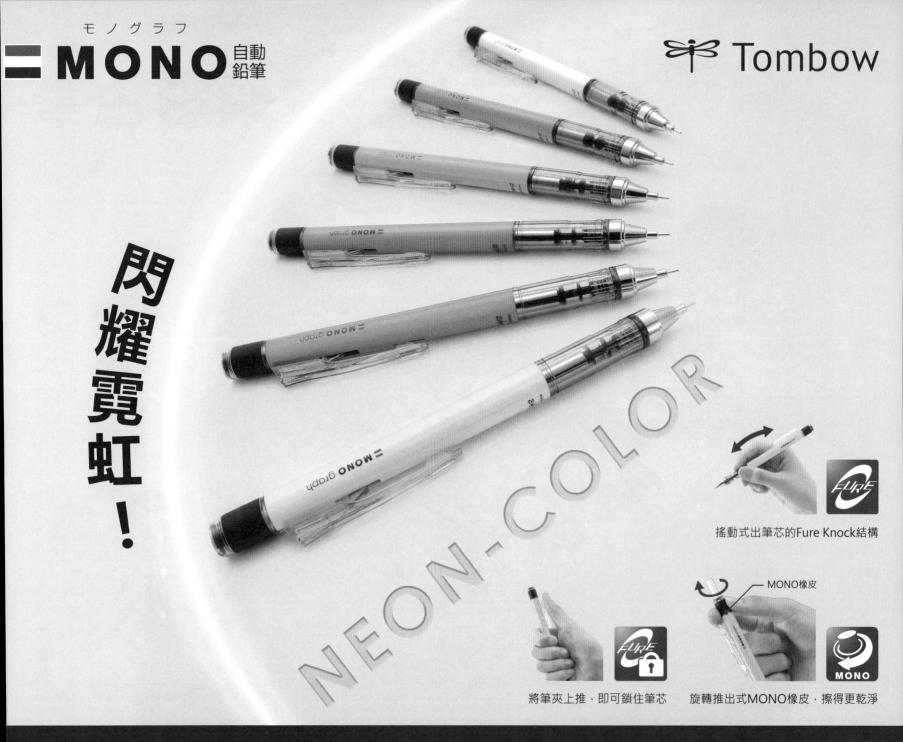

Tombow

PLAY COLOR 2
Your favorite colors
whenever you want

水性サインペン [ツインタイプ] プレイカラー2

日韓O.L中高校生銷售 NO.1
雙頭彩色筆

小朋友用，辦公事務用，都好用.....

for kids

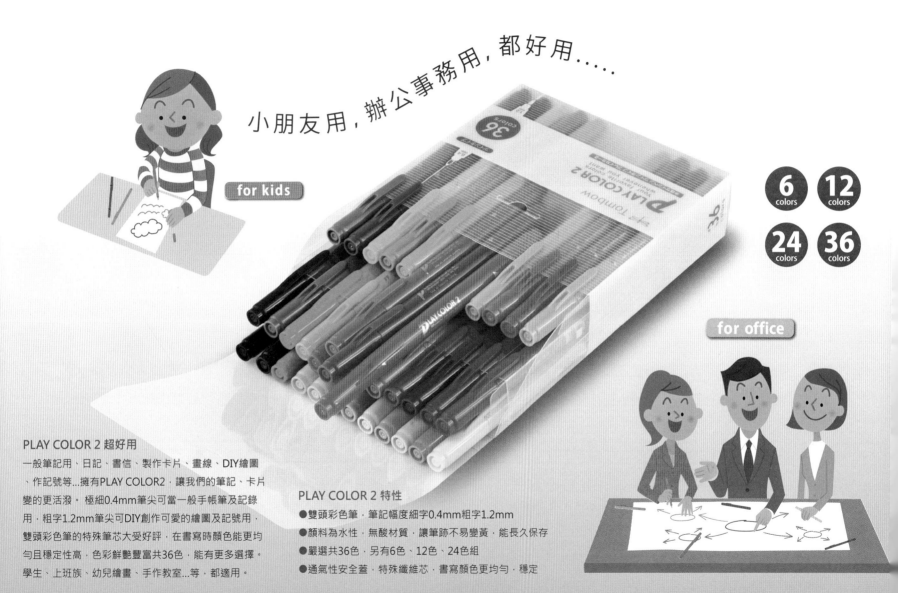

for office

6 colors　12 colors　24 colors　36 colors

PLAY COLOR 2 超好用

一般筆記用、日記、書信、製作卡片、畫線、DIY繪圖、作記號等...擁有PLAY COLOR2，讓我們的筆記、卡片變的更活潑。極細0.4mm筆尖可當一般手帳筆及記錄用，粗字1.2mm筆尖可DIY創作可愛的繪圖及記號用，雙頭彩色筆的特殊筆芯大受好評，在書寫時顏色能更均勻且穩定性高，色彩鮮艷豐富共36色，能有更多選擇。學生、上班族、幼兒繪畫、手作教室...等，都適用。

PLAY COLOR 2 特性

● 雙頭彩色筆，筆記幅度細字0.4mm粗字1.2mm

● 顏料為水性，無酸材質，讓筆跡不易變黃，能長久保存

● 嚴選共36色，另有6色、12色、24色組

● 通氣性安全蓋，特殊纖維芯，書寫顏色更均勻、穩定

總代理 MOON LIGHT 月光貿易股份有限公司　TEL / 02 2555-0656　FAX / 02 2556-9204　f 月光創意文具

心靈拼貼®

持續一生的自我探索旅程

SoulCollage® Evolving:

An Intuitive Collage Process for Self-Discovery and Community

作者　席娜　‧　弗斯特（Seena B. Frost）

譯者　蘿拉老師（Laura Liu）、戴寧老師（Daphne Tai）